꼰대 수영

꼰대 수성

조수성 수필집

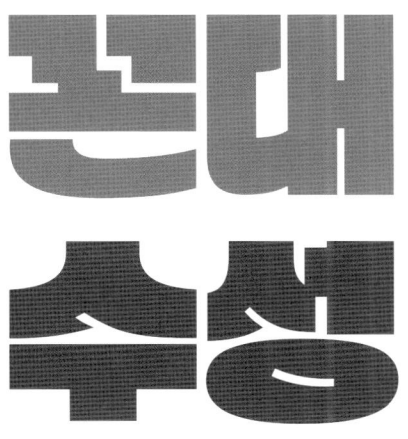

서고

2023년 2월 15일 초판 발행
2023년 2월 15일 초판 1쇄

지은이 조수성
        csoosung@gmail.com
발행인 서명수
발행처 서고
주 소 (36744)경상북도 안동시 공단로 48
전 화 054-856-2177
F a x 054-856-2178
E-mail diderot@naver.com

ISBN 979-11-979377-1-2 (03810)

*이 책은 저작권법에 따라 보호를 받는 저작물이므로 무단전재와 복제를 금합니다.
*이 책의 내용 전부 또는 일부를 사용하려면 반드시 저작권자의 동의를 받아야 합니다.
*잘못된 책이나 파손된 책은 구입하신 서점이나 출판사 서고에서 교환해 드립니다.

敬請張炳玉教授雅正!

"내가 긁적거려 본 거 읽어 봐 줄라우?"
"이제라도?"
(미안! 정말 미안!! 무지 미안!!!)

차례

서문　　　　　　　　　　　　　　　009

1장　꼰대의 교수이야기

01　정년 준비와 그 후 1년　　　　017
02　꼰대의 넋두리　　　　　　　　024
03　계명캠퍼스 추억　　　　　　　036
04　은사님의 꿀 팁　　　　　　　　051
05　"아, 그냥요!"　　　　　　　　063
06　선생모양 갖추어 가기　　　　　072
07　보이스피싱 모면 비화　　　　　088

2장　꼰대의 일상이야기

01　내 마음에 비친 산 풍경　　　　105
02　"불 내뿌라"　　　　　　　　　110
03　"쌀사서 밥 묵고 사소"　　　　 116
04　외할머니 등장의 의미　　　　　125
05　2.5세~3.5세　　　　　　　　133
06　말이 씨가 되더라　　　　　　　141

3장 꼰대의 중국이야기

01 상전벽해 핑구(平谷)훈   153
02 중국 베이징 일람(一覽)   173
03 베이징위옌대학(北京語言大學)과의
      오랜 인연   187
04 알쏭달쏭 중국 엿보기   199

서문

내 수필집을 내려니

쑥스럽다.

나의 이야기를 주저리주저리 늘어놓으면 속내가 그대로 다 들통 날 터이니 말이다. 원래 앙큼·내숭 스타일이라 지금까지 그런대로 잘 포장하고 다녔는데, 내 스스로 허울을 벗기는 형국이 되고 말 것이니 좀 그렇다.

그리고 민망하다.

교수생활을 무려 36년이나 하면서 공저로 세 권 낸 것 말고는, 제대로 된 내 학술서적 한권도 출판하지 못했다. 이제라도 전공

서적을 출간한다면 대기만성이라고 스스로 위로 할 수도 있을 터이고, 남 보기에도 낯이 설만한데, 그도 아니니 말이다.

아마 이래서였을 것이다.
정년퇴직하고 나서, 각별한 기억으로 떠오르는 이야기들을 회고 형식으로 드문드문 적어 놓기는 했지만, 출간은 언감생심 꿈도 꾸지 않았었다.

그러던 2021년 12월 어느 날 모아 놓은 파일을 보니 분량이 제법 되고, 뭔가 맥락이 잡힐 것 같기도 했다. 두 꼭지를 프린트했다. 남편에게 보여주고 의견을 좀 들어볼 셈이었다. 두 편 다 코믹한 것으로 골랐는데, 남편이야기하고 나의 푼수이야기이다. 12월 23일 일이다.
하지만 남편은 그것들을 읽어 보지도 못했다. 12월 27일 돌연히 이 세상을 떠났다. 그냥 한순간에 그렇게 고인이 되어버렸다. 그 며칠 사이, 우리는 크리스찬은 아니지만 산타클로스를 손꼽아 기다리며 할아버지·할머니 선물까지 학수고대하는 손주들을 위한 중요행사를 해야 했다. 24일에는 딸집, 25일에는 아들집을 순방하며, 손주들한테 선물전달식 하느라 즐겁고 바빠서 이 원고를 보여줄 여가가 없었다. 우리 부부한테 매일매일 남는 게 다 시간인데, 굳이 이렇게 행복하게 보낼 일이 많은 시기에 들이밀 일은 아니었다.

하지만 한치 앞도 내다보지 못하는 미물이 바로 나였다.

후회! 반성! 원망! 한탄! 분노!

……………………………………

예년보다 빨리 가을바람이 분 탓일까? 갑자기 내려간 기온으로 선선함이 내 가슴을 얼마간 진정시켜준 덕분일까? 2022년 9월 초 나는 다시 내 이야기파일을 열어보았다. 문득 이 글들을 묶어 책으로 내고 싶어졌다. 이런 마음을 왜 먹게 되었는지 정확히는 표현하기 어렵다. 그냥 그래야만 될 것 같은 아련한 이유가 가슴속 저 밑에 자리 잡고 있다.

중구난방으로 쓰어 있는 듯한 17편을 죽 읽고 나니 입가에 씁쓸한 미소가 번진다. '아! 나는 꼰대다!' 한 문장으로 요약되는 것이 아닌가! 다시 비슷한 부류끼리 나누어 훑어보니, 크게 세 종류의 이야기모음이다. 내 주업이었던 교수생활 관련 이야기들과 부업으로 즐겼던 중국교류이야기들, 거기에 나의 가족들 이야기가 보태져있다. 교수이야기 7편, 중국이야기 4편 그리고 일상이야기 6편으로 나누어진다. 다르게 곁가지 친 이야기가 없어 깔끔하다. 책 목차는 주업과 부업이야기 사이에 가족일상이야기를 넣어서 강약을 조절하면 좋겠다고 생각했다.

그리고는 다시 두어 달이 흘렀다. 옛 추억 불러오기로 시간죽이기를 하며 지내는 일상 속에서, 이 추억 모음집을 완성해보기로 마음을 굳혔다.

이왕 세상에 내놓을 생각을 했으니, 글을 다듬으려고 책상 앞에 허리를 꼿꼿이 세우고 앉았다. 자못 진지한 태도로 임했다. 하지만 몇 꼭지 윤문을 하고나서 다시 읽어보니, 이곳저곳이 어둡고 칙칙한 표현으로 바뀐 탓인지, 오히려 처음의 맑았던 그 느낌이 아닌 것 같다.

글은 마음의 거울이라더니...

그리고 교수이야기보다 더 많은 얘깃거리가 있는 중국이야기를 몇 편 더 써보려고도 했다. 글이 이어지질 않는다. 생각과 마음이 덮개가 무겁게 씌워진 네모난 상자 안에 갇혀서 꼼짝하질 않는다.

결국, 정년 후 서울·대구·외국에 흩어져 살던 가족들이 서울에 가까이 다 모여 살던, 그 날아오를 만큼 자유롭고 행복했던 시절에 써 모았던 원고를 최대한으로 살리면서 맞춤법이나 비문 수정이나 하는 정도로 마무리하였다.

이런 나의 출간의사에 원고를 받아보지도 않고, 일언지하에 흔쾌히 응낙해 준 서고출판사 서명수 대표께 심심한 감사를 전한다.

2023년 1월

조수성

꼰대 수성

1장 **꼰대의 교수이야기**

01 정년 준비와 그 후 1년

나이 환갑 무렵부터 주변에서 정년이 몇 년 남았느냐고 묻기 시작하더니, 정년이 2-3년 남으니 정년준비는 했느냐 뭘 어떻게 했느냐 많이 궁금해 했다. 나는 그냥 놀 거고 어떻게 놀 건지는 그때그때 닥치는 대로 놀아 볼 거라고 대답하곤 했다. 다들 황당하다는 표정이다. 노는 게 일하는 것보다 더 힘들다나, 노는 것도 해본 사람이 하는 거라나, 노는 건 한두 달은 재미있을지 몰라도 100세 시대를 버티려면 놀 거리도 미리미리 찾아두어야 한다나, 나름대로 해주는 걱정들이 귀에 전혀 들어오지가 않았다.

정년 후에도 무슨 원칙과 목표를 세워놓고 계획을 짜서 열심히 살기는 싫다는 생각뿐이었다. 무계획이 내 계획이랄까! 노자의 '順其自然, 순리에 따르다'을 흉내라도 내보자는 생각이었다. 이것이 얼마나 오만한 욕심을 또 내는 것이고 얼마나 범접하기 어려운 계획이라는 것은 깨닫지도 못하고 말이다.

나이 60이 될 무렵 내 인생을 돌아보니 거의 원칙준수·의무이행이라는 올가미 속에서 쳇바퀴 돌며 살아 왔었다. 선생의무·엄마의무·아내의무·며느리의무·딸의무 그리고 친구의무와 동료의무까지 내 역할을 열심히 실행해서 좋은 무엇 무엇이 되려고 무척이나 노력하는 모양새였다. 그래서 효부네 효녀네라는 주변의 호평을 이끌어내기도 하였다. 하지만 남편과 아이들 그리고 학생들을 비롯하여 여러 주변사람들에게 높은 수준의 잣대로 원칙을 강요함으로써, 그들을 심하게 괴롭혀왔음을 뒤늦게 조금씩 어렴풋이 깨닫게 되었다. 어쩌면 절친들한테까지도 많은 심리적 부담을 주었을 것이다.

이런 과오를 조금이라도 고쳐보고자 하는 마음가짐이 나의 정년준비이었다. 이미 고질화되어 있는 습관은 하루아침에 고쳐지지 않을 것이다. 작게 시작하여 천천히 바꾸어보자. 해야 할 일인지 좋은 일인지 따지지 말고 '아무거나 그날 하고 싶은 거 하기', 주위 사람들 특히 '가족에 대한 관심을 가장한 간섭 줄여보기', 남의 시선에 들어있는 내가 아니고 '나의 참모습 찾아보기'에서 작은 시작을 해보리다.

이를 위해서는 일단 매일 집 문을 나서야 한다. 그러려면 집 말고 나의 자유로운 활동공간이 있어야 한다. 머릿속은 다시 계획과 이 계획에 대한 실행방안 만들기에 여느 때처럼 분주하였다. 대구 살림 이사는 정년퇴임일 다음날로 잡아서 대구 한번 나들이로 끝낸다. 이 계획대로 이사날짜부터 정했다. 그러고 보니 확정된 이사날짜에 맞출 수 있는 건 신축 오피스텔뿐이다. 인터넷으로 검색한 오피스텔은 집에서 좀 멀긴 하지만 명동 근처라 길거리 헤매는데 유리한 위치라고 판단했다. 방을 계약했다. 일사천리로 정년에 대비한 첫 번째 준비를 완료하였다.

주위에선 "역시 공부하는 사람이라 달라, 정년하고도 연구실을 차리다니."

"책 쓰려고 하는 거구나."

"멋진 중국정치 저서 한권 나오겠네."하며,
오피스텔 얻은 것에 입들을 마구 대었다.

나는 "서울 집에 연구실 짐 넣을 공간이 없어서 고급 창고를 빌린 거예요.".

"연구실이 아니고 그냥 쉼터예요, 그동안 못 쉬어서 쉬려구요."

"재직 시에도 연구 안했는데 이제서 무슨 저서를 내요?"하며 또 여느 때처럼 구차한 변명을 마구 해댔다. 그냥 웃어넘겨 버리면 될 것들을……

우리가족들은 너무 고마웠다. 흔쾌히 같이 방 보러 다녀준 남편, 월세 보태줄 테니 좀 더 좋은데 얻으라고 간청한 딸, 정말 좋은 생각이라고 쿵작쿵작 맞장구쳐 준 아들, 그리고 나이 들수록 나갈 데가 있어야 한다고 꼭 자신만의 쉼터를 만들라고 당부하신 친정어머니!! 내가 그렇게 원칙의 올가미에 묶어 놓은 내 식구들은 그래도 나를 진심으로 응원해주었다.

프로젝트도 없고, 회의도 없고, 응대해야 할 상대도 없는 쉼터로의 출근은 마냥 행복하다. 캐주얼 복장에 단화신고 룰루랄라… 경로무임승차권의 띡띡 두 번 울리는 경쾌한 소리가 마음에 든다. 그냥 손에 잡히는 책을 보다가 방을 나서 청계천의 가을을 느끼며 배회하다 발길 닿는 대로 식당에 들어가 혼밥을 즐긴다. 동행과 메뉴 상의할 일도 없이 눈에 띄는 메뉴를 주문하니 '딩딩하오(頂頂好)'다. 그냥 얼굴에 미소가 번진다. 식후에 향긋한 커피 마시러 발길 닿는 대로 가다 명동성당지하 카페에서 예가체프 드립커피를 주문한다. 이어폰을 꽂고 음악을 들으며 커피를 마시다보니 어느새 늦은 오후다. 이렇게 여유로운 삶이 있구나! 내가 없어도 학교도 가족도 다 잘 돌아가는 거였구나!

아 행복하다!!

이런 생활을 얼마 누리지 않았는데, 문득 식구들한테 미안한 감이 몽실몽실 피어오른다. 남편은 점심을 제대로 먹었을까? 손주들을 도우미 이모들한테만 맡기지 말고 가서 같이 놀아줄까? 친정어머니 말동무 해드려야 하는 거 아닐까? 내가 중요하게 할 일이 있는 것도 아닌데 모두 모두에게 미안하다. 이 무슨 사치인가!! 또 다시 살아나는 역할극 의무감에 맘이 무겁다.

다시 손주들보기에 적극 참여하고, 여기저기 수강 프로그램에 등록하였다. 뭔가 하는 일이 있다는 것을 보여주려고 말이다, 한국무용·사진강좌 수강에다 무료문화탐방 참여하기, 친구들과 공연전시회 찾아다니기 등등 어느새 스마트폰 달력에 스케줄이 빼곡히 채워져있네!

일정 짜지 않고 '멍때리기' 생활은 물 건너갔다. 자기 전에 다음날 일정 체크하고 아이들 다 잘 퇴근했는지 카톡 보내보고, 기온이 내려간다니 애들 옷 잘 챙겨 입히라고 잔소리하고, 손주들하고 페이스 톡 하며 작은 화면을 통해 아이 얼굴 요리조리 관찰하고, 남편이 단 음식 많이 먹는지 뱁새 눈뜨고 살펴보며 참 바쁘게 빈틈없이 살고 있다. 물론 이전보다는 강도가 조금 약해지기는 했지만 역시 내 버릇 개 못주었다.

그래! 이건 모두 마음수양이 되지 않은 탓이다. 사는 동안 마음을 '내려놓아 본(放下)'적이 없는 탓이다. 그렇지! 기본이 안 되어 있어서 실행이 어려운 것이다. 그럼 어찌해 보면 될는지?

이런 반성에 빠져 들어갈 즈음, 참으로 고맙게도 동기생 불교모임인 '경불회'에 참여하게 되었다. 그래 이제 불경공부하면서 조금이라도 내려놓는 것을 알려고 노력해 보자. 대부분 수십 년 만에 보는데도 여고동창생들은 나를 보듬어주었다. 이 푸근함 덕분에 이해는 못해도 불경공부가 재미있다. 조계사에서 천수경 그리고 이어서 금강경 강의를 들었다. 예습도 하고 복습도 하며 진도 따라가려고 애썼다. 한자 사전도 많이 찾았다. 여기서 알량한 지식병이 또 발동하였다. 나는 중국어와 한자지식을 동원하여 자구해석에만 매달리고 있다. 뿐만 아니라 천수경 다라니경의 발음이나, 반야심경의 '아제아제 바라아제 바라승아제 모지 사바하' 발음표기를 따져보며, 맞느니 아닌 것 같다느니 혼자서 호들갑을 떨었다. 지가 뭘 안다고 참! 나는 어리석음과 집착의

덩어리이다.

  정년 후 1년간의 생활을 정리해보니, 나의 새로운 삶으로 준비했던, 마음가는대로 지내기, 간섭하지 않기. 내 모습 찾아보기는 한 치도 진행되지 않고 있다. 아마 방향도 틀리고 방법도 잘못된 것 같다. 하지만 그래도 무엇이 문제인가를 인지하고 나름대로 다시 길을 찾아보려고 애쓰고 있다는 것으로 위안을 삼아본다. 아주 느리게라도 쉬지 말고 시행착오를 거듭하며 마음가는대로 해보자!

02 꼰대의 넋두리

어느 날 텔레비전에 오렌지색 머리칼을 한 연예인을 보면서 나는 왜 70이 다 될 때까지 검은색 머리칼만 하고 다녔을까 하는 생각이 생전 처음 들었다. 생뚱맞은 생각이 문득 든 것이다. 멀쩡한 검은머리를 하얗게 탈색 한 모습을 보면서 '참 할 일도 없다, 그 시간을 자기개발에 투자하면 돈도 절약하고 취직도 더 잘 할 터인데.'라고 한심하게 생각해왔었다. 그 염색과 탈색이 자기개발이 될 수도 있겠다는 생각을 하게 된 것이 나이 70이 다 되어서이다.

그러고 보니 아들이 대학입시를 코앞에 둔 언제인가 대학에

붙고 나면 머리를 연두색으로 염색할거라고 했던 일이 기억난다. 그 행동이 옳고 그르다는 판단이 그때는 필요 없었다. 아니 그럴 여유가 없었다. 단지 아들 마음 편하게 하여 대학에 합격시켜야 한다는 생각만 뇌리에 가득 차 있었기 때문이다. 들자마자 그 자리에서

"그러럼, 대학 합격하고 나면 무얼 못 하겠니!"
하고 흔쾌히 동의해주었다.

"우리 엄마가 헐!"
하는 표정이었지만 더 이상 시비는 없었다.

어느 날, 단골미용실에 갔더니 원장님이 아들 방문기를 들려주었다. 연두색으로 염색하고 싶다고 해서 깜짝 놀랐단다. 범생이 티가 풀풀 나는 고딩 짧은 머리에 연두색이라니? 하지만 고객의 요청이라 색상 샘플 책을 건네주니 이리저리 고민하다가 머리만 자르고 돌아갔다는 것이다. 나는 까맣게 잊고 있었던 다시 생각조차 해보지 않았던 일이다. 그리고는 '그럼 그렇지 무슨 연두색 염색을 해.'하며 웃어 넘겼다. 왜 아들이 연두색 머리를 하려고 했는지? 또 왜 안했는지? 그 심리와 상황을 이해해 볼 생각조차 하지 않았었다. 마치 검은색 머리만 당연한 것처럼...

아마 엄마의 삶의 방식에 눌려 모범생으로 살아야 하다 보니

너무 숨이 막혔을 것이다. 그래서 튀는 행동을 해보고 싶었을 것이고 이에 대한 엄마의 반응도 살피고 싶었을 것이다. 성의 없는 아니 의도 있는 엄마의 동의에 대항하고 싶어 연두색 염색을 실행하려 했으나, 역시 후환이 두려워 감행하지 못했을 것이다. 이제 아들 나이 30대 중반이 되어서야 조금 아주 쪼금 그의 마음을 헤아려보고 있다.

나는 치열하게 모범적으로 살아온 것 같다. 공자 가라사대 '君君·臣臣·父父·子子'의 실행자였다. 자신에게 주어진 여러 가지 역할을 두루두루 성실히 이행하는데 전력을 쏟았다. 본업인 교수에 물론 충실하였다. 결강은 있을 수 없는 일이며 학생들의 과제도 모두 직접 체크하여 피드백 해주었다. 학점은 과목당 적어도 8개정도 평가항목을 두고 성적은 소수점 2자리까지 계산하였다. 30여년 교직 생활에 성적 클레임을 받아본 적이 몇 건 있기는 하지만, 성적정정을 한 적은 한 건도 없다. 나는, 문제 제기한 학생을 데리고 평가를 점검해가며, 실수가 없음을 확인시킨다. 그러고는 그 학생이 민망한 얼굴로, "그래도 성적을 올려주시면 안 되나요."하는 간절한 부탁을 일언지하에 거절하곤 했다. 이 매몰찬 행동이 자랑이 아니란 걸 퇴직하고 나서야 깨달았다.

그럼 집에서는 어땠나? 어느 역할 하나도 소홀하지 않으려고 무진 애를 썼다. 물론 친척 대소사에도 가능하면 참석해야 한다며 이리 뛰고 저리 뛰었다. 그러다보니 친구 만나고 내 취미 생활하는 것은 시간도 없었지만 해서는 안 될 사치가 되어버렸다. 아이 둘 도시락은 꼭 손수 싸주었다. 아이들 반 어머니회도 가입하고 육성회도 참여하여 학교 정보 수집에도 밀리지 않으려고 극성을 부렸다. 유명 학원에 유명 강사를 찾아 등·하원 시키느라 짬을 쥐어짰다. 이런 고된 일상에 과로가 겹쳐 심근경색발작으로 죽다 살아나기도 했다. 지 몸 부서지는 줄도 모르고 뛰었다. 제일가는 역할 수행 모범생이라고 우쭐하면서 말이다. 이 무슨 바보같은 짓이었던가!!

솔직히 말해, 나는 이런 내 모습이 싫었다. 정말로 그렇게 살기 싫었다. 댄디한 정장 말고 구멍 낸 청바지 입고, 펑키스타일 머리도 하고 디스코텍이나 클럽이라는 곳에도 가보고 싶었다. 왠지 세련되고 시대를 앞서가는 멋쟁이들이나 할 수 있는 그런 멋진 패턴으로 살아보고도 싶었다. 하지만 그런 욕구는 그저 삶에 너무 지쳐있을 때 뭉글 치밀어 올랐다 자멸하고 마는 순간적 망상에 지나지 않았다.

이런 삶의 방식은 물론 성장환경에서 비롯된 것일 것이다. 아버지는 관대하셨다. 특히 딸한테만. 남동생 둘은 불만이었을 것이다. "누나는 대통령한테 시집가도 남의 집에 가는 것이니 우리 같이 살 때는 각별히 해주어야 한다"며 늘 특별대우 해주셨기 때문이다. 아이러니하게도 아버지께서는 딸은 출가외인이라는 고루한 전통적 사고를 좋은 쪽으로 발전시킨 셈이다. 남아선호사상이 팽배하던 그 시절에 참 드문 일이었다.

반면에 엄마는 대단히 엄격하셨다. 엄마의 말에는 무조건 복종해야 했다. 초등학교 시절 전과를 통째로 암기해서 매일 저녁 검사를 받는 것은 악몽이었다. 시험에 틀려오면 회초리가 기다리고 있었다(사실은 그 교육열 덕분에 내가 유학도 가고 교수까지 될 수 있었다). 이런 엄마는 공부뿐만 아니라 삶의 모든 영역에서 나를 재단하셨다. 본 대로 한다더니, 나도 우리 엄마 방식을 아이들에게 그대로 시행하고 말았다.

문득 웃지 못 할 에피소드가 생각난다. 아주 어린시절일거다. 식구들 띠를 이야기하는데 엄마가 양띠란다. 나는 머리를 쇠망치로 맞은 듯 기겁하며 아니야 호랑이띠야 하고 소리를 질렀었다. 엄마가 순한 양 일리 만무하며 무서운 호랑이가 딱이기 때문이다. 그 즈음 나는 때를 그 사람의 성격을 가지고 정하는 줄 알았던 모양이다. 아마 내 자식들도 그런 경우 나같이 반응했을 거 같다는 생각이 들면서, 이 에피소드가 무척 씁쓸하게 느껴진다.

내 딸이 엄마행동에 엄청난 쇼크를 받았다며 들려준 일화는 내가 판에 박힌 감정 메마른 호랑이엄마였음을 극명히 설명해준다. 초등학생이던 어느 날 엄마가 전화를 받으며 무엇인가를 열심히 쓰고 있길래 중요내용을 메모하는 줄 알았다나. 그런데 자리를 뜬 후에 보니 메모지에 낙서만 가득했단다. '아!!! 엄마도 낙서를 하다니.' 엄청난 충격을 받았다나, 내가 도대체 어떻게 처신하며 살아왔길래 낙서도 안할 것 같은 인상을 남겼을까? 내 원 참!

딸이 대학생일 때도 얘깃거리는 또 있다. 서울에서 기숙사에 살고 있어 내가 늘 걱정을 하니 자주 전화를 해주는 편이었다. 나의 노심초사에 대한 고마운 배려이다.

하루는 "오늘 아이스크림 가게에 갔는데 신제품이 있더라구요. 꼭 사서 드셔보세요."

"뭔데?"

"엄마는 외계인이요."

"……"

딸은 아이스크림을 특히 좋아하는 나한테 맛있다고 소개한 것일

텐데, 나는 이 단어를 듣자마자 새삼 깨달았다. 나는 외계인이다. 도둑이 제 발 저리다더니.

사실 나는 항상 가슴이 답답하고 마음이 무거웠다. 감정과 행동의 억제로 다져진 내 가슴이 아려올 때면 자신이 쳐놓은 굴레를 이제는 끊어버리자고 다짐을 거듭거듭 하였다. 그러나 근근이 쌓아온 다짐 끝에 참 어렵게도 시도해본 일탈(?)은 잘 성사되지 않았다. 이미 주위 사람들에게 자신의 역할규칙 속에서만 사는 꽉 막힌 사람으로 강하게 각인되어 있었기 때문일 것이다.

1994년 9월 중국에서의 1년간 방문학자 역할이 끝났다. 야무진 귀국계획을 세웠다. 홍콩을 거쳐 귀국하며 명품 쇼핑도 하고 그 유명한 홍콩 야경도 감상해보리라. 마침 중문대학 세미나참석 초청장을 받아놓은 상황이라 계획은 순조롭게 진행되었다. 세미나 하루 전에 도착하여 쇼핑하고 놀려고 침사추이에 위치한 특급호텔에 1박을 예약했다. 중문대학 게스트하우스는 쇼핑가와 거리가 있어서 나름 머리를 굴린 것이다.

홍콩 공항에 도착하여 발걸음도 가볍게 입국장을 빠져 나가는데 "교수님 여기요."하는 외침이 들린다. 나를 마중 나올 사람이 없었지만 교수라는 소리에 반사적으로 고개가 돌아갔다.

"어머 반가워, 김○○. 누구 손님이 오나봐?" 졸업한지 몇 년 된 제자인데도 다행히 이름이 생각나서 반가이 인사를 나누었다.

"아니요, 교수님이 홍콩에 뜨신다고 베이징의 ○○이가 연락을 했어요." 일단 움직이며 이야기를 나누자며 서둘러 내 가방을 끌고 주차장으로 향한다.

"제가 지금 근무 중에 잠깐 나왔는데 교수님이 가 계실 곳에 내려드리고 3시간 후에 모시러 오겠습니다."

"중국친구한테 홍콩 서점가가 어딘지 물어서 알아놓았어요."

'뭐라고? 서점가라고?' 나는 급히 손사래를 치며

"얼굴 봐서 좋았고 회사업무 잘하는 것이 나를 도와주는 것이니 내가 예약한 호텔까지 데려다만 주면 고맙겠네."
당황스런 제안에 어쩔 줄을 모르며 사양하고 있는데,

"교수님이 어딜 가시겠어요? 여기가 다 서점가예요,

오후 6시에 이 자리에서 뵐께요. 저녁 식당은 예약해 두었습니다." 차가 멈추어섰다.

아뿔싸, 거리 미아가 되었다. 거기가 어딘지 3시간 안에 침사추이까지 왕복할 수 있는 거리인지 도무지 알 수가 없었다. 휴대폰도 없던 시절이라 구글맵 검색도 할 수 없으니 도리가 없다. 오호 애재라! 예정에도 없던 서점투어라니! 1년간 베이징에서 사모은 책을 한국으로 부치는데 시간과 경비를 너무 많이 쏟은 터라 책제목도 눈에 들어오지 않았다. 솔직히 말하면, 쇼핑에 대한 기대가 완전히 틀어진데서 온 실망감 때문이다. 오후 6시 가까이 되어 제자는 환한 얼굴로 나타나서 '점보(Jumbo, 珍寶)'식당으로 나를 안내했다. 오롯이 제자하고 둘이 홍콩에서 맛난 중국음식을 음미하면서 나눈 교실 밖 대화는 아름다운 추억으로 남았다. 호텔로 가는 길에 내가 명품쇼핑하고 싶어서 하루 먼저 홍콩에 온 거라고 이야기했더니,

"에이 교수님도 농담하실 줄 아시네요."하며 껄껄거렸다.

아휴 참, 나는 누구인가?

이왕 시작한 김에 일화를 하나 더 써보려 한다. 2011년 세시봉 멤버들이 전국순회공연을 하고 있었다, 대학시절 생각도 나서 친구에게 가자고 했더니 그렇지 않아도 연락하려던 참이란다. 공연 날이 다가오자 맘이 설레고 신이 났다. 뮤지컬은 많이 관람했지만, 이런 설렘은 없었다. 일찌감치 대구엑스코 공연장으로 갔다. 차가 막힐까봐 그 근처에서 이른 저녁을 먹기로 한 것이다.

동행 친구는 중식당에서 나이든 제자들을 만났다. 제자 중에 공연을 보러온 교수님을 의아하게 생각하는 사람은 아무도 없

어 보였다. 아주 자연스럽게 공연이야기로 모두 음성이 들떠있었다. 친구는 야광봉도 사고 야광 헤어밴드도 샀다. 내 머리에도 해주고 야광봉도 건네주었다. 나는 사방을 두리번거리며 야광 헤어밴드를 벗었다. 들켜서 안 되는 일을 하고 있는 것처럼 어색한 몸짓을 하며 서둘러 입장하였다. 공연은 정말 흥겨웠다. 나도 모르는 사이에 기린 야광헤어밴드도 하고 야광봉을 흔들며 한껏 즐겼다. 너무 신이 나서 어깨춤이 절로 나왔다. 그렇게 즐거웠던 적이 없었던 것 같다.

인터미션시간이 되어 폴짝폴짝 뛰듯이 화장실로 향했다. 그런데 앞에 왠 장승이 떡 버티고 서 있는 것이 아닌가? 나를 머리부터 발끝까지 훑어보며 말문을 열지 못하고 있다. 난 아주 황망하게 헤어밴드를 빼서 등 뒤로 숨겼다. 박사과정을 밟고 있는 나이도 들만큼 든 늦깎이 대학원생이다.

"교수님을 이런 데서 뵙다니요! 제가 잘못 본줄 알았습니다. 와이프가 오고 싶다고 해서요…"

서로 서먹한 표정을 지으며 작별인사를 나누었다. 그때 내 친구는 그 졸업생제자 무리와 공연 감상 소감을 공유하며 웃고 떠들고 있다. 기린 헤어밴드에 야광봉을 휘둘러가며.

참 대비되는 풍경이었다.

나는 교수직을 나의 천직으로 생각하고 좋아했다. 그럼에도 불구하고 내가 제일 듣기 싫어하는 말이

"선생님이세요? 선생님이셨어요?"이다.

그때마다 "선생이라니요! 가정주부예요."하다가

이제는 "그냥 할머니인데요."하며 펄쩍 뛰곤 한다.

단체여행을 할 때 하루나 이틀 지나면 꼭 듣는 질문이다. 그래서 여행 전에 남편한테 신신당부하곤 했다. 내 직업을 밝히지 말며, 질문에 내가 부정할 때 가만있어 달라고. 퇴직한지 몇 년이 지난 지금도 모르는 사람과 이야기 나누다보면, 역시 같은 질문을 받는다. 진짜 짜증난다. 나는 교수라는 선생직업에 진정으로 만족했으면서도 왜 선생이냐는 말에 왕짜증이 나는 걸까? 나에게는 어느새 선생과 꼰대가 동일개념이 되어버렸던 것이다. 내 스스로 내가 꼰대 그것도 찐꼰대라는 것을 알아차리면서 선생이라는 단어가 너무나 싫어졌던 것이다.

중국에 '說三句不離行, 세 마디만 나누면 직업을 알 수 있다'라는 속담이 있다. 사람이 어느 직종에 종사하면서 살다보면 직업적 습성이 몸에 베여드는 것이 당연하다는 말일 것이다. 하지만 나는 그 베인 습성을 너무 싫어 하는 것을 보면, 그렇게 살지 말았어야 한다고 생각하기 때문일 것이다. 아니 정확하게 얘기하

면 교수라는 직업은 좋아했는데, 내가 꼰대교수 한 것으로도 부족해서, 맡은 모든 역할에서 꼰대 노릇을 한 것이 몹시도 못마땅하다는 의미이다. 더욱 그런 것은 못마땅하면서도 그것을 70이 되도록 고치지 못하고 있는 나 자신에 대한 흐회스러움일 것이다.

이제 남은 인생 동안이라도 '꼰대' 말고 '안꼰대'로 살도록 노력해보자. 과연 가능할지는 모르겠지만……

글을 여기서 마치려는데 '지 버릇 개 못 준다'는 속담이 또 생각난다. 하하!

03 계명캠퍼스 추억

내가 근무하던 대학 캠퍼스는 참으로 잘 가꾸어져 있다.

처음 한국에 오는 중국 친구가 중국 포털사이트 바이두(百度)에서 '대구에서 가볼만한 곳'을 쳤더니, 1번이 동성로이고 2번이 계명대학교라며 들뜬 목소리로 전화를 걸어왔다. 그러기에, 도착 다음날 동성로에 먼저 데려갔다. 반월당부터 대구백화점 본점을 거쳐 국채보상공원 주위를 산보하다가 교동시장에 있는 노포 강산면옥에서 냉면과 만두를 대접했다.

중국 사람은 보통 과장된 언어로 감탄사를 연발하는데, 그 친구는 다니는 내내 별 반응이 없다. 여기가 대구에서 제일 가볼

만한 장소냐 하는 표정이다. 한국냉면을 꼭 먹어봐야 한다며 점심 메뉴로 고른 것도 그 친구인데, 젓가락을 들었다 놓았다하며 먹는 둥 마는 둥 다른 수다만 떤다. 나는 혹시 이 친구 취향이 쇼핑인가 싶어서, 식사 후 야시골목에 악세사리나 옷 구경을 가자고 해보았다. 고개를 절레절레 흔들며 "차부뚸(差不多, 대강 되었어), 후이취바(回去吧, 돌아가자)"란다. 대구에서의 첫 관광에 실망감이 역력하다. 베이징에 비해 너무 초라하게 보인 게 틀림없다.

둘째 날 일정은 캠퍼스 투어이다. 오전 11시에 데리러 오겠다고 했다. 1시간 40분 비행여정에 피로할 리 없을 터이지만, 또 실망하면 하루해가 너무 길 것 같아서, 늦잠자고 여독을 풀라고 했다. 다음날 나는 친구를 태우고 성서 캠퍼스로 향했다. 내 연구실이 있는 스미스관 앞 주차장에 차를 세우고 보니, 약간 이르지만 점심시간이 다 돼서 교수식당으로 향했다. 의양관까지 500미터 정도 되는 짧은 거리를 걸어가며, 친구는 벌써 "피아오량, 피아오량(漂亮漂亮! 예쁘다 예뻐!)" 난리가 났다. 마침 벚꽃이 만개한 4월이라 어느 때보다 캠퍼스 풍경이 더 멋지긴 했지만. 그 친구는 바이두 정보가 잘못 되었다며, 계명대가 1순위이어야 한다고 온갖 호들갑을 떨며 오후 늦게까지 캠퍼스를 누볐다. 나는 그

날 친구 사진 찍어주느라 정신이 없었고, 걷기 싫어하며 아껴두었던 내 다리는 제대로 혹사당하고 말았다. 그날 나는 친구를 안내한 덕분에 캠퍼스를 구석구석 둘러보며 그 매력을 제대로 느낄 수 있었다.

그러고 보니, 나는 이 멋진 캠퍼스가 조성되는 과정을 오롯이 지켜봐왔던 것이다. 1982년 9월 부임했을 때, 나는 대명동 캠퍼스 수산관에 연구실을 배정 받았다. 작지만 아름다운 교정이다. 붉은색 벽돌에 담쟁이가 덮어있는 본관건물은 낡았지만 정감이 느껴진다. 당시 성서캠퍼스에는 자연과학대학만이 이전해 있었고, 그 옆에 건물 하나가 신축 중이란다.

1984년 우리 단대는 인문대와 같이 이 영암관이라고 명명된 건물로 이전하였다. 신축인데도 건물 안은 우중충하고 주위의 논과 밭을 지나다녀야 하는 출퇴근길은 을씨년스러웠다. 통근버스가 있어 아침에는 그런대로 괜찮았지만, 오후 퇴근할 때는 성주에서 오는 시외버스를 손 흔들어 세워야했다. 대명동 캠퍼스가 그리웠다. 시내라 편리했는데, 대구 서쪽 끝으로 내몰리고 나니 만사가 불편했다. 학생들도 캠퍼스 생활이 무지무지 불편하였을 것이다. 대학본부가 대명동에 있고, 도서관도 대명동에 있으니 수업 듣는 것 말고는 대명동으로 가야한다. 성서에는 덩그러니 건물 두 개만 서 있고 부대시설은 아무 것도 없어서 어차피 달리 갈 데도 없다. 두 건물에 입주해 있는 우리들은 온갖 불편함을 감내하며 근근이 지냈다.

하지만 나름 색다른 재미도 있었다. 지금은 사회과학대학·경영대학이 있는 자리에 그 때는 마을이 그대로 있고 작은 연못도 있었다. 학생들이 늘어나면서 마을 집들이 하나둘씩 식당 간판을 내걸었다. 우리 교수들도 국수말이를 잘 하는 집, 된장찌개가 기가 막히다는 집을 찾아 점심식사를 하러가곤 하였다. 가격도 착하지만, 집밥 먹는 기분이라 편하게 식사를 즐길 수 있어 좋았다. 하지만 아쉽게도, 나는 이 동네 식당가를 그리 오래 들락거리지는 못했다. 우리 학과 학생들 때문이었다. 아니 내 오지랖 때문이었다.

오후 강의에 학생들 그것도 남학생들이 두더기로 결석하는 일이 종종 발생하는 것이 아닌가! 나는 내 강의에 문제가 있나 싶어 연유를 물었으나 다들 쉬쉬하며 모른단다. 수소문 끝에 점심 먹으러 가서 낮술이 길어지고 있다는 것을 알아냈다.

'단감집'이 우리 과 단골식당이란다. 점심시간대가 지나갈 무렵 나는 단감집으로 행차하였다. 들어서보니, 막걸리 잔을 주거니 받거니 술파티가 한창이다. 흥이 올라있다. 내가 누구야·누구야 호명을 해대니, 술이 번쩍 깨는 듯 자리에서 튕겨 일어나 줄행랑을 친다. 그 중 한 녀석이 부랴부랴 밥값 계산을 하고 나에게 꾸벅 인사를 한다. 나는 오후 수업에 다 들어오라고 꼭 전하라고 하고 보냈다. 뒤 돌아 나오려고 하는데, 주인 할머니가 나한테 댁은 누군데 내 장사를 망치느냐고 막 화를 내신다. 난감하기 짝이 없다. 학생들이 술 먹느라고 자주 수업을 빠지니 장래가 걱정돼서 왔노라고 말씀드렸다. 하지만 30대 젊은 여자가 그것도 또박또박 내뱉는 서울 말씨가 얄미우셨던지, 다시는 오지 말라고 더 크게 호통을 치신다. 그 억센 대구사투리에 그만 주눅이 들어 죄인처럼 물러나왔다.

 그 후 나는 그 마을 식당가에 얼씬도 하지 않았다. 마을이 사라질 때까지. 동료교수들은 마을 맛집에서 점심을 즐길 때 나는 학교식당에서 한 끼 때우곤 했다. 내 오후 수업 출석률이 좋아진 것에 흐뭇해하면서. 그러나 진실은 따로 있었다. 내가 정년하기 전에 한번 보고 싶어서 찾아왔다는 50대 졸업생이 회술한 단감집 에피소드는 점입가경이다. 내가 무지 고마웠다나! 그날 이후에는 저녁식사 때 모이니 밤새도록 술을 마실 수 있어서 아주 좋앉단다. 내 행차 덕에 맘 편히 술독에 빠질 수 있었다나! 대신 오전 수업을 자주 빼 먹었는데 교수님이 눈치를 채지 못해서 정말 통쾌했다는 부언까지 하며 신이 났다. 이 속담이 여기에 적당한지는 모르겠지만, '뛰는 놈 위에 나는 놈 있다.'

마을도 사라지고 작은 연못도 메워지고, 역시 빨간 벽돌로 지어진 새 건물에 사회과학대학이 옮겨오고, 학생회관도 생기며 조금씩 대학캠퍼스 면모가 갖추어져 갔다. 이런 확장을 보며 우리 외국학대학(후에 국제학대학으로 개칭) 학생들은 불만에 휩싸였다. 각 단과대학들이 자신의 단독 건물에서 생활하는데 우리만 인문대건물에 더부살이 한다는 것이다. 단과대학 건물 신축을 요구하는 데모가 일어났다. 아주 크게 그리고 요구사항이 관철될 때까지 수업을 거부하기로 결의하고 농성에 들어갔다. 학교당국이 결국 학생들의 요구를 수용해주었다.

드디어 1994년 우리 단과대학은 지금의 스미스관에 둥지를 틀었다. 건물은 공사비용 절감으로 인해 처음 설계보다는 훨씬 작아졌다. 게다가 토지매입이 안되어 건물 오른편에 남아 있는 무덤 3기는 오르내릴 때마다 눈에 거슬리기 짝이 없다. 그래도 우리 단과대학 교수와 학생들은 단독 건물이 생겼다는 것으로 위안을 삼았다. 아주 여러 해 동안 학생들은 그 묘지 잔디에서 뒹굴고 떠들며 학창시절을 즐겼다. 소문에 자손이 고시에 붙을 때까지 안 판다던 그 무덤이 어느 날 사라졌다. 지금은 학생들이 웃음꽃을 피우는 예쁜 정자가 자리하고 있다.

캠퍼스는 서쪽에서 동쪽으로 뻗어나가다가 다시 북쪽으로 확장되어 갔다. 교육용 건물들이 완공되어 가면서, 문화시설 건물들도 하나씩 차례로 세워졌다. 계명아트센터·행소박물관 그리고 한학촌(韓學村)이 지어졌다. 이 건물들이 계획될 때는 많은 반대가 있었다. 나도 반대에 동참하였다. 전 구성원들의 허리띠를 졸라매야 하는 막대한 예산도 문제이지만, 그 예산을 구성원 복지나 학생들 교육에 더 투자하는 것이 옳다는 생각에서 그랬다. 하지만 엄청난 반대에도 불구하고, 건축계획들은 예정대로 시행되어 종합 캠퍼스 조성 조감도에 있는 자기 자리에 차례차례 들어앉았다.

이렇게 조성된 캠퍼스 전경을 둘러볼라치면, 건물하나 나무 한그루까지 그냥 그 자리를 차지하고 있는 것이 아니다. 마치 모두 있어야할 제자리에 자리 잡은 듯, 전체가 멋진 조화를 이룬다. 그 덕분(?)에 수많은 영화들의 촬영장소가 되었다.

2009년 봄, 그 유명한 '꽃보다 남자'를 성서 캠퍼스에서 촬영할 때의 에피소드는 지금 생각해도 웃음이 난다. 나는 교무처장이었는데, 처장사무실이 본관 2층에 있다. 어느 날 아침 간부회의 전에 커피 한잔을 하고 있는데, 사무실 밖이 무척 소란스러워 내다보았다. 본관 앞 잔디밭에 여중생들이 인산인해를 이루고 앉아 있다. 이게 뭔 일?? 회의실로 가다보니 본관 1층 로비에도 진을 치고 있다.

영문인 즉은, 그날 '꽃보다 남자' 촬영으로 이민호가 온단다. 이민호가 누구냐고 묻는 순간, 수많은 눈 불화살이 나를 향해 발사된다. 헌데 더 황당한 것은 그날 촬영이 없다고 말하는 대외협력처장의 익살스러운 표정이다. 영화제작사는 너무 많은 팬들이 몰려오면 촬영에 방해가 될까봐, 시간을 거짓으로 흘리거나, 촬영시간을 임의로 변경하거나 한단다. 저 많은 이민호의 팬들이 학교에 가서 공부해야 할 그 시간에 여기 와 있는데, 참 어처구니가 없다.

회의 후 나는 수시로 창밖을 내다보았다. 과자 나누어 먹으며 행복하게 떠들고 있는 여학생들을 보며 나는 일이 손에 잡히질 않는다. 나는 평생에 수업 빼먹고 연예인 따라 다녀 본적이 없다. 꿈속에서도 못해 본 일이다. 그 여학생들이 참 한심하다는 생각이 들면서도, 한편으로는 왠지 부럽기도 한건 무슨 연유인지 모르겠다.

  참다못해, 나는 밖으로 나갔다. 본관 앞 잔디밭 중앙으로 뚫고 들어가서, 고래고래 소리를 질렀다.

  "애들아, 오늘 촬영 없단다~~~"

  "빨리 학교 가서 공부해~~~"

  삽시간에 수많은 학생들이 나를 에워싸고 밀었다.

  "아줌마는 누구예요?"

  "어떻게 알아요?"

  "그럼 언제 촬영해요?"

  수많은 질문과 탄성에 혼이 빠지면서, '아 나 오늘 이 자리에서 압사하는구나' 하는 생각이 들었다. 나는 구원이 필요했으나 잔디밭에서 본관 건물 안에 있는 사람을 불러낼 수 있는 거리가 아니었다. 있는 힘을 다해 도망치려고 바둥바둥 거리는데,

  "아줌마 제발 부탁해요."하며

학생들이 너도나도 내 손에 뭘 쥐어주고 들려준다. 그 경황 중에도 할머니가 아니고 아줌마라고 불리워서 다행이라고 생각하며 필사적으로 빠져나왔다.

  "꼭! 꼭! 부탁해요! 이민호한테 전해주세요."

"거기 전번 있어요, 다음 촬영시간 꼭 알려주세요!"

간곡하고 애절한 목소리는 본관 벽에 부딪혀 메아리가 된다. 나는 양손 가득한 쪽지봉투와 팔목에 걸려있는 선물가방들을 들고 미행하는 학생이 없나 살피며 내 연구실이 있는 쪽으로 걸어갔다. 혹시 처장실을 알아 두었다가 나중에 들이닥칠까 봐 두려워서.

나는 이민호한테 전해주라는 그 쪽지들이 정말로 궁금했다. 참다못해 하나 둘 열어 보았다. 보다가 뒤로 넘어갈 뻔했다. 본인 이름과 연락처를 알린 다음 얼마나 사랑하는지를 적은 것, 준비한 선물내용을 적은 것, 심지어 자신의 신체사이즈를 적은 것까지 다양하게 팬심을 적어 놓았다. 수업시간에 딴 짓하며 집에서 밤잠 안자고 준비해온 팬 레터는, 아주 인간다운 순수한 표현이었다.

다음 간부회의에서 자초지종을 얘기하고 그 팬들의 정성을 전달할 방법이 있는지 물었다. 이에 대한 대답은 '그날 너 무슨 돈키호테 짓을 했던 거냐?'는 간부들의 야릇한 표정에서 읽어내야만 했다.

이 멋진 캠퍼스에 종합적으로 갖추어져 있는 문화시설들은 국제행사를 돋보이게 하는 데도 한 몫을 단단히 한다. 2011년 5월 27일부터 29일까지 공자아카데미 아시아 총회를 우리대학에서 개최했다. 외국에서 참가한 공식 인원만 171명이고 우리대학 및 국내 고위급인사까지 더하면 200명이 넘는 인원이 개막식에 초대되었다. 일정은 계명아트센터에서 음악회를 관람하고, 바로 옆 잔디광장에서 개막식과 만찬을 하고, 한학촌에서 무용학과 학생들의 한국무용 공연을 관람하는 것으로 짜여졌다. 이 프로그램들은 타 캠퍼스에서 찾아보기 힘든 독보적인 시설들을 활용하면서 동선이 물 흐르듯 이어지게 구성한 것이다.

그런데 당일 날 돌발 변수가 발생하였다. 오전부터 부슬비가 뿌리다 말다한다. 주요 행사 장소가 모두 야외인데, 눈앞이 캄캄하다. 당장 장소변경을 결정해야 오후 행사시간에 맞게 시설물 재정리를 할 수 있단다. 개막식과 만찬 장소는 잔디광장에서 가까운 체육관으로 옮기자고 한다. 나는 기상대예보까지 무시하며, 원안을 강하게 고수하였다. 개막식은 그렇다 치더라도, 체육관에서 만찬이라니… 생각만 해도 끔찍한 광경이다. 부랴부랴 대책을 논의하여, 잔디밭 전체를 비닐로 덮고 만약의 상황에 대비하여 수십 개의 천막을 준비하기로 했다.

총장실로부터 호출이다.

"총장님 걱정 마세요. 제가 지금껏 주관한 행사에 비가 온 적이 없습니다. 예정대로 진행하겠습니다."

내가 무슨 비를 다스리는 용이라도 되는 양 막무가내였다. 나는 하늘이 내편이라고 믿어보기로 한 것이다. 하지만 솔직히, 내 가슴은 바작바작 타들어가고 있었다. 만약 비가 안 그친다면, 행사 중에 비가 쏟아진다면 나는 끝장이다. 아니 우리 모두의 죽음이다.

설상가상! 화불단행(禍不單行, 엎친데 덮친다)이라더니! 최고위 귀빈을 대구공항에 영접하러 가는데 기상악화로 비행기가 김포공항으로 회항하고 있단다. 기가 막힌다. 실제로 숨이 잘 쉬어지질 않는데, 내 휴대폰이 계속계속 울린다. 행사장을 지금이라도 옮겨야할 것 같단다. 나는 "비 곧 그칩니다. 비닐을 몇 겹 더 덮으세요."라고 영혼 없는 목소리로 답하였다. 콩닥거리는 가슴을 억누르며 호흡을 가다듬고 있는데, 비행기가 김포공항을 재출발하였다는 방송이 나온다. 비도 정말 그쳤다.

믿는 자에게 복이 온다고 했잖아.

그것 봐!!!

귀빈을 모시고 성서캠퍼스에 도착했을 때, 잔디광장에는 비닐이 걷히고 이미 테이블이 다 설치되어 만반의 행사준비가 끝났다는 전갈이다. 정말로 숙련된 직원선생님들의 발 빠른 대처에 입이 떡 벌어질 따름이다.

식전행사로 진행된 음악회에 참석한 외국 손님들은 한강 이남에서 제일 좋은 계명아트센터 시설에 감탄한다. 이어서 안내된 잔디광장에서는 본 행사를 시작하기도 전에 그 분위기에 벌써 매료된 듯하다. 개막식은 성공적으로 끝났다. 현악5중주를 들으며 정통 한식코스 요리를 즐기는 각국 대표단들의 얼굴에는 웃음이 번지고 있다. 야외행사를 무척이나 반대했던 중국 측 관계자들이 더 신나한다. 예상 밖의 좋은 호응에 자신들이 거액의 예산을 들인 보람이 있다고 생각하는 모양이다. 주변 건물에서 내려 비추는 은은한 조명은 행사장에 아늑함과 포근함을 더해준다. 게다가 포항부터 공수해온 막걸리가 손님들의 흥을 제법 돋우고 있다. 우리 대회준비자들은 그제야 안도의 한숨을 몰아 쉴 수 있었다.

한학촌 공연에는 외국 주요 인사들만 초대하였다. 한학촌 입구에 도착하자, 누가 먼저라고 할 것도 없이 일시에 탄성을 지른다. 경천당(敬天堂)까지 양쪽에 죽 불을 밝히고 있는 청사초롱 물결이 너무 멋지다. 달빛만 어슴푸레 비치는 소나무 숲속에 나 있는 황톳길을 청사초롱 불빛에 기대어 걸어 오르며 우리 모두는 그 밤 내음에 취해버렸다. 전체가 서양조(造)인 빨간 벽돌 건물로 조성된 캠퍼스 품안에 자리 잡고 있는 전통한옥이 이처럼 멋지게 어우러지다니! 외국 귀빈들은 고즈넉한 한옥 마당에서 신명나는 고전무용을 감상하며, 동서문화가 아우러진 분위기에 찬사를 아끼지 않는다.

  당일 행사가 마무리되자, 나는 긴장이 풀리며 퉁퉁 부은 발 통증이 느껴졌다. 하이힐을 벗어 들고 맨발로 황톳길을 걸어 내려오며 꽃내음 진한 밤공기를 빨아들였다.

  2박3일 동안의 행사는 수많은 우리대학 허외 홍보요원을 탄생시켰다. 물론 행사를 전적으로 지원해준 학교당국과 멋진 행사 프로그램을 짜고 이를 차질 없이 치루어 준 중국센터 관계자들의 노고가 제일 큰 몫을 했다. 여기에 아름답고 좋은 시설을 갖춘 학교캠퍼스가 금상첨화의 역할을 한 것이다.

  이 캠퍼스에서 나는 30년 넘게 근무했다. 이 긴 세월동안 늘 뭔가에 쫓기며 살다보니, 행소박물관 옆 메타스콰이어 산책길도, 본관에서 쇼팽길을 거쳐 아담스채플까지 이어지는 벚꽃길도 여유롭게 걸어보지 못했다. 물론 학교달력에 실린 아담스채플 아래에 펼쳐진 캠퍼스설경도 감상해본 기억이 없다.

하지만 드문드문 떠오르는 나의 학교생활 추억이 캠퍼스 정경과 오버랩 되며 나를 편안하게 해준다. 정이 많이 들었나 보다.

04 은사님의 꿀팁

대학시절 남다르게 깐깐하신 교수님이 한분 계셨다. 아무리 시간관념이 철저하서도 그렇지 항상 수업시간 정각에 문을 열고 등장하신다. 한번은 어느 학생이 시계를 보며 셋, 둘, 하나 땡 하고 외치는데 문이 열려서 한바탕 폭소가 터진 적도 있다. 그래도 왜 웃느냐고 물어보시지도 않고 수업만 하신다. 수업 마칠 시간이 되면 "그리고…"하고 말을 하시다가도 교재를 챙겨 교실을 나서신다. 수업시간에 웃으시는 일은 없다. 물론 농담이나 객담을 하시지도 않으신다. 그뿐이랴 결강하면 결석계를 제출하라고 하신다.

첫 수강에 이 교수님 강의는 졸업할 때까지 다시 수강하지 않을 거라며 근근이 버텨냈다. 하지만 무슨 끌림 때문인지 몰라도, 나는 매학기 그 교수님 강의실에 앉아 있었다. 내가 좋아하지도 않는 중국문학 강의임에도 불구하고...... 무서우신 교수님한테 책잡히기 싫어서 정말 성실하게 예습 복습도 하고 앞줄에 앉아 열심히 수강하였다. 전출하느라 애를 먹었다. 결석계 이런 거 제출하는 것이 난 딱 질색이었기 때문이다.

대학을 졸업하고 대만으로 유학을 가게 되었다. 입학허가서를 받은 지 며칠 후 그 교수님으로부터 전화를 받았다. 너무 의외로 놀라서 목소리가 기어들어갔다. 대만유학중인 제자가 교수님께 나의 입학허가 소식을 전해왔단다. 그리고는 한번 만나자고 하신다. 나의 진로에 관심을 갖고 계셨단 말인가? 졸업생에게 내 결과를 알아달라고 부탁까지 하셨단 말인가? 좌우지간에 그 무서운 교수님이 왜 나를 보자고 하시는 건가??
　나는 일찌감치 약속한 버스정류장에 도착했다. 역시 정시에 도착하신 교수님은 나를 청진동 어느 감자탕집으로 데리고 가셨다. 그런 식당은 처음 들어가보았다. 바닥에는 돼지뼈들이 떨어져있고, 초록색 비닐커버로 싸여있는 동글 의자는 앉기가 망설여졌다. 지금도 깔끔을 떨지만 그 20대 때는 말도 못했었다. 하지만 어느 안전이라고!!

주문을 마치고 메모노트를 펼치시더니 설명하기 시작하시는 것이 아닌가. 대만의 날씨와 학교 소개 그리고 유학생 생활상 등등이 반듯한 손글씨로 적혀있었다. 뒷부분에는 유학 준비물까지 상세하게 적혀있었다. 그뿐이랴. 비행기표는 중국대사관 근처 모 대리점에 가면 가장 저렴하다는 정보도 주셨다. 그날 나는 스승님의 따스함을 마음 속 깊이 느꼈다.

유학기간 방학 때 귀국하면 제일 먼저 그 은사님께 전화를 드렸다. 한번은 약수동 장충체육관 앞에서 만나 냉면을 먹자고 하셨다. 골목길을 돌아올라 우리가 도착했을 때 이미 대기자 줄이 상당히 길었다. 그 집은 하루에 동치미 한 항아리 분량만큼만 장사하기 때문에 오늘 점심을 못 먹을 수도 있단다. 교수님한테 이런 면이 있으시다니 강의실에서 뵌 분이 맞나? 의아스럽기 그지없다. 더운 여름 햇빛을 피할 차양도 없는 골목길 담벼락에 마냥 서 있으려니 다리도 아프고 배도 고파왔다. 하지만 역시 어느 안전이라고!! 한 시간은 족히 지나 다행히도 입장할 수 있었다. 허름한 가정집 안에는 선풍기도 보이지 않았다. 그 후에 안내하신 곳들 역시 모두 맛집들이었다. 교수님은 정말 미식가이시다.

이렇게 하여 깊은 인연을 맺게 된 나의 스승님은 유학기간동안에도 조언을 해주셨지만, 귀국 후 내가 교수 노릇을 조금이나마 제대로 할 수 있도록 이끌어주신 분이시다.

교수 초년시절 허둥대며 지냈다. 젊은 나이에 선생이 된지라, 잘 가르쳐서 얕잡아 보이지 않아야 한다는 중압감이 너무 컸다. 빈틈없어야 하고, 엄격해야 한다는 생각에 근엄하게 보이려고 얼굴은 늘 경직되어 있었다. 한술 더 떠, 학생들의 일거수일투족을 체크하며 잔소릴 해댔다. 무섭고 고약한 선생으로 소문났다. 거기까진 괜찮았다. 하지만 어느 날 매정한 엄마라는 낙인까지 더해진 사실을 알게 되었을 때 나는 충격에 휩싸였다.

사실인 즉은 이렇다. 어느 날 밤 아들이 응급실에 실려 갔다. 원래 장이 좀 안 좋아서 배앓이를 자주 하는 편이었는데, 그날은 유독 심했다. 다음 날 아침 아들은 많이 나아졌지만, 여러 가지 검사를 받아 보는 것이 좋겠다는 의사선생님의 지시대로 입원을 하였다. 병실로 옮기고 나서 시간을 보니, 서두르면 수업시간에 맞출 수 있었다. 나는 쌩얼에 홈웨어를 입은 채로 학교로 향했다. 그리고 강의실에 들어섰다. 내 몰골에 의아해하는 학생들의 표정을 살피며 자초지종을 아주 짤막하게 설명하고 수업을 잘 마쳤다.

교실 문을 나서며 휴강을 하지 않고 달려온 나의 순발력에 안도의 숨을 쉬었다. 앞뒤 꼭 막힌 나는 이 행동이 학생들에게는 피도 눈물도 없는 몰인정한 엄마로 보일 줄은 상상도 못했다. 아픈 아들을 병실에 두고 수업에 오다니! 아마 친엄마가 아닐 것이라는 둥, 아들이 누군지 너무 불쌍하다는 둥 조교가 나에게 들려준 뒷담화는 나를 당혹스럽게 하였다. 그런 상황 속에서도 달려와 강의를 한 내게 고맙다고 할 줄 알았다. 학생들 모아 놓고 내가 얼마나 자식을 사랑하는지, 병세가 나아졌고, 다른 식구가 간호를 하고 있었다는 해명이라도 해야 할 것 같았다. 이런저런 이미지 쇄신책을 궁리하고 있는데, 불현듯 나의 은사님 얼굴이 떠올랐다.

선생이 되고 살기에 바빠, 찾아뵙는 것은 고사하고 안부도 여쭙지 않은지 수해가 지났다. 죄송한 마음을 뒤로하고 전화를 드렸다. 반가이 받으신다. 은사님 뵈면 묘안을 주실 거라는 확신에 오랜만에 맛난 잠을 잤다.

새마을호를 타고 도착한 나의 고향 서울이 그날따라 무척 정겹게 다가왔다. 더 나이 드신 은사님도 그늘따라 훨씬 푸근하게 느껴졌다. 막상 앉아서 상담을 시작하려니 목이 칼칼해지고 눈시울이 뜨끈해지는 것 같았다. 물설고 땅설은 대구 타향살이가 그간 많이 힘들었었나보다, 은사님은 이런 나의 마음을 읽으셨는지, 중국차를 천천히 우리고 계셨다. 따뜻한 차는 진정효과가 컸다.

나는 아들 입원한 날 강의이야기를 하소연 담긴 말투로 늘어놓았다. 은사님은 다 듣지도 않으시고,

"참 매몰찬 엄마가 되었겠구만... 하하하."

아니 이럴 수가. 선생님도 그렇게 생각하시다니... 나는 혼란스러웠다. 수업 열심히 한 것이 잘 한 것 아니냐고 눈을 동그랗게 뜨고 반문하였다.

은사님은 "아주 잘한 일이지, 그래야지. 하지만 그동안 조교수가 부족한 게 있었네, 학생들과의 소통..."

"자신의 행동이 옳다고 해서 상대방이 다 옳다고 여겨줄 거라고 생각하는 것은 오만이야."

"그것이 옳다고 받아들이도록 하는 것은 나의 몫이거든."

"상호교감과 상호소통이 이루어져야만 되는 것이지."

"조교수가 학생들한테 일방통행식의 전달만 하고 있는 지도 몰라."

"만약 그렇다면, 학생들은 교수가 휴강 한 번도 하지 않으려는

것이 본인들을 위해서 하는 행동이라고 전혀 느끼지 못하지."

"반대로 조교수는 내가 얼마나 너희들을 위해서 열심히 하는데 그걸 몰라주느냐고 불만일 거고."

"아니야, 그건 학생들을 위해서가 아니고, 조교수 자신을 만족시키기 위한 행동일 뿐이거든."

"학생들은 칼날 뒤에 숨겨진 깊은 뜻을 느낄 겨를이 없어, 칼날을 피해가기 바빠서 말이야."

한마디 한마디가 정말 비수 같은 날카로운 지적들이다.

"하지만 선생님, 학생들이 제 강의 수강을 기피하지도 않고 진지하게 잘 따르고 있어요."

나는 여전히 자신의 굴레에서 합리화할 방법을 찾고 있었다. 은사님은 부드러운 미소를 지으시더니, 나의 선생노릇을 직접 눈으로 보신 듯이 차근차근 얘기하셨다. 있는 그대로다. 민망해하는 나를 보시며 본인도 처음 교수하실 때 나하고 똑같은 실수를 하셔서 안 봐도 훤 하시단다.

그리고는 답을 주셨다.

"채찍과 당근 아주 간단해."

"당근이 필요해."

"당근은 바로 칭찬이야."

"학생들을 나무라더라도 끝에는 꼭 칭찬으로 마무리해서 얼굴 펴고 헤어지도록 해 보게나."

홀가분하게 돌아왔다. 안 해 본 일이라 어색하지만, 의도적으로 당근작전을 실행해 봤다. 꾸중을 듣고 연구실을 나가려는 남학생을 불러 세우며,

"자네 헤어스타일이 멋지네, 잘 어울려."하니

"그래요? 감사합니다."하고 웃고 나간다.

은사님의 '칭찬꿀팁'은 나의 묘약이 되었다. 학생들의 장점과 칭찬할 것들이 눈에 보이고 점점 더 학생들에게 애정이 갔다.

2012년 가을 학기 야간 강의 때 얘기다. 첫 시간 교실에 들어서니 진한 화장품냄새에 숨쉬기가 힘들 정도다. 한 여학생이 중국 경극분장수준의 화장을 하고 향수까지 과도하게 뿌린 것이다. 역겨웠다. 강의를 하며 그 여학생 옆을 자꾸 왔다 갔다 했다. 노트 필기를 힐끔 보니 글씨체가 예쁘다. 어깨를 툭 치며

"한자를 시원스럽게 잘 쓰는구나, 서예를 배웠나 봐."

그날은 그 정도 했다. 연구실로 돌아와 그 여학생 신상을 조회해 보니 두 학기 연속 학사경고를 받았다. 그 여학생 이름을 수강생 중 첫 번째로 기억해 두었다.

나는 선생하기 시작하면서, 모든 학생의 이름을 기억해보기로 마음먹고 실천에 옮겼다. 학기가 시작되면, 강의별로 수강생 사진첩을 만든다. 강의 전과 후에 사진첩을 보며 예습 복습을 하여 1달이 지나기 전에 머리에 모두 입력한다. 주로 전공강의를 해서 대형강의가 적었지만 어쩌다 맡은 계열교양강좌에 100명이 넘는 수강생의 이름도 전원 기억하곤 했다. 길에서 만나도 "누구야"하고 이름을 부른다. 이런 이름 기억은 큰 의미가 있었던 것 같다. 수업태도가 좋고 상호유대감이 돈독해져서 학습효과에도 도움이 되었던 것 같다.

우리 과 학생들이야 물론이지만, 타과 수강생들도 열심히 기억해서 꼭 이름을 불러준다. 어느 자연대 늦학생이 내가 재학하면서 본인 이름을 불러주는 유일한 교수라서 우리 과로 전과했다는 고마운(?) 사례도 있다. 게다가, 출결 체크는 수업 마칠 때 출석부를 보며 안 온 사람만 호명하는 재주를 보여서, '꼼짝 말아라! 너희들을 다 알고 있으니'하는 분위기를 연출하였다. 이는 수업하면서 수강생의 얼굴을 일일이 살펴보는 또 다른 습관 덕분에 가능하였다. 이로 인해 '비디오 조'라는 별명이 붙었다. 하하!

그 야간강의 다음 시간에, 그 여학생에게 아주 쉬운 질문을 던

졌다. 대답을 하길래

"○○는 전공 지식도 풍부하네, 맘에 들어."

하고 또 칭찬을 했다. 난 너희들 이름을 다 안다는 사인을 보내고는, 학생들에게 잔소리를 해댔다. 대학 4년 그 짧은 시간동안 취미생활도 하지 말고, 화장도 하지 말고, 연애도 하지 말고, 오로지 공부만 열심히 하면 남은 인생 편히 살수 있다는 궤변을 늘어놓았다. 학생들이 귓등으로 듣던지 말던지, 수업시간에 늘 하는 잔소리를 그날도 해댔다.

그런데 이게 왠일인가요! 그 다음 주 그 여학생이 화장을 깨끗이 지운 민얼굴로 강의실에 앉아 있었다. 너무 고마워서 안아주고 싶을 지경이었다. 그 여학생은 과제도 잘 내고 학기말 시험도 그런대로 보았다. 나름 학습능력도 좋은 아이였다. 학기가 끝나갈 무렵, 연구실로 불러 등을 쓰다듬어 주니 나를 부둥켜안고 통곡을 한다.

"교수님, 저 태어나서 칭찬 처음 받아 보았어요."

하면서 목 놓아 울어댔다. 공부 잘하는 오빠 언니 밑에서 부모님의 천덕꾸러기로 살아왔단다. 칭찬은 잠자던 호랑이도 춤추게 한다더니, 참으로 흐뭇했다.

이렇게 나는 은사님의 소통을 통한 당근사용 비법덕분에 선생노릇을 조금이나마 제대로 할 수 있었다. 날이 갈수록, 학생들은 나의 3대원칙 준수 요구와 융통성을 한 번도 발휘하지 않은 꼭 막힌 호랑이 선생의 행동을 자신들의 인생에 보탬을 주기 위한 것이라고 이해해 주고 있었다. 어느 날 내 별명이 '중국학과 어머니'라는 조교 전갈에 눈물이 핑 돌았다. 참 멋진 발전이다.

나이도 들고 안정되니 은사님이 그리웠다. 전화를 드렸다. 아무 날 오전 11시에 정자역 4번 출구에서 차로 나를 픽업하시겠단다. 그날 그 시간이 되는지 묻지도 않으시고 통보식이다. 대구에서 갈 차편을 알아보니 KTX타고 서울역에 내려서 분당까지 가는 것이 가장 빨랐다. 시외버스도 직행이 없다. 우리 교수님은 참 너무 하신다. 하지만 어느 안전이라고!!!

10시 반에는 도착해야 하니 이른 새벽에 길을 나섰다. 역시 어디에 차를 세워 놓으셨다 오시는 건지 11시 정각 빨간 남방 왼쪽 소매를 차창 밖으로 내밀고 차에 타라고 흔드신다. 호수가 식당에 앉으시더니, 대뜸 두터운 한시 프린트 물을 내 놓으시며, 한시를 낭독하신다.

"중국정치를 제대로 강의하려면, 한시를 알아야 하는 거야." 중국 최고지도자들이 인용했던 몇 개의 한시를 읊으시고는, 그

인용한 배경과 정치적 의미를 얘기해 보라신다. 나는 여전히 은사님 학생이다.

"이제 학생들과는 잘 지낼 터이니, 강의에 깊이를 더해야지."라며 두 번째 꿀팁을 주신다. 그 후 나는 1296페이지에 달하는 은사님의 저서 〈중국시가선〉을 연구실 책상에 놓고 틈틈이 들여다보기는 했다. 아! 너무 어렵다. 아! 정말 힘들다. 이 꿀팁은 나의 게으름 탓에 큰 효과를 발휘하지 못했다.

저도 나이 먹었다고 은사님 훈계를 덜 무서워하나 봅니다. 죄송합니다!!!

05 "아 그냥요!"

그날도 아침 7시 30분부터 또 보강을 했다. 학생들에게는 귀찮고 짜증나는 시간이었을 터이지만 학점을 받으려면 싫어도 와야 하는 게 수업이 아니던가. 중국과의 관계가 밀접해지고 대학마다 중국 유학생 유치가 중심 사업이 되면서 나는 중국출장을 자주 가야했다. 어느 해에는 한 학기에 너댓 번을 다녀오니 한 달에 한두 번 꼴이다. 강의를 빼먹는 것은 상상도 못하는 나였으니, 보강도 한 달에 한두 번은 해야 했다. 그런데 문제는 수강생들의 수강과목이 제 각각이고 간혹 야간 강좌를 듣는 학생도 있어서, 결국 다 수업이 없는 시간은 9시 정규수업 전인 0교시 7시 30분밖에 없었다. 이런 새벽 보강은 아침 잠 많은 나에게도, 고

졸이후 늦은 등교에 익숙해진 학생들에게도, 견디기 힘든 고통이었다.

그날 8시45분 수업을 마치고 교실 문을 나서니 남학생 2명이 문 앞에서 나를 기다리고 있었다. 지각을 해서 수업에 못 들어왔단다.

나는 교수를 하면서 슈퍼 갑질에 해당되는 규칙들을 정해 놓고 학생들에게 가차 없이 시행하고 있었다. 하나는 수업이 시작되면 문을 열고 들어오지 못한다. 다른 하나는 수업에 방해되는 행위 예를 들어 졸기·잡담·휴대폰 울림·교재 미 준비 등등의 경우 선생이 나가라고 하면 10초 내에 소지품 모두 두고 교실 밖으로 아주 조용히 나간다.(가방 챙기면 소란하니까) 또 다른 하나는 모자를 쓰거나 슬리퍼를 신고 수업에 들어오지 못한다. 이런 3가지 규칙은 시간관념을 체득케 하고 다른 학생들의 수업권을 보장해 주기 위해서라는 명분을 내세워서 시행한 것인데, 너무나 고맙게도 30여년 교직 생활동안 간단없이 유지되었다. 더욱이 내 강의를 선택한 타과 학생들까지도 이런 규칙을 인지하고 왔다는 점에 정보화시대임을 실감하고 흐뭇해했었다.

나는 이 두 학생을 보고,

"강의실에 못 들어 왔으면 식당가서 아침 먹고 휴게실 가서 쉬지, 뭐 하러 밖에서 힘들게 서 있었어?"하니, 나한테 확인할 것이 있어서란다. 두 녀석을 데리고 내 연구실로 갔다.

앉자마자 김군이 "교수님이 교실 뒷문을 잠그셨어요?"하고 묻는다.

"뒷문이 잠겨 있었니? 난 앞문으로 들어갔는데 그리고 뒷문을 왜 잠궈?"하고 답하니, 김군이 억양을 높혀서

"그 봐 교수님이 잠그신 거 아니잖아."하며 최군을 나무라듯 쳐다본다.

자초지종은 이러하였다. 김군이 3분 늦게 도착하였고 최군은 한발 앞서 도착해 있었다. 창문으로 보니 출석을 부르고 있고 수업은 아직 시작 전이라 뒷문으로 들어가려고 문고리를 잡았는데 문이 잠겨있었단다. 최군이 교수님이 뒷문까지 잠그시고 너무 하신 거 아니냐고 말하자 김군이 그럴 리가 없을 거라고 하며 옥신각신하다 결국 나한테 직접 확인해보기로 한 것이었단다.

"최군, 열 받아서 내가 잠갔다고 생각할 만 했네. 지하철역에서 제일 멀고 언덕위에 있는 스미스관 그것도 5층까지 계단을 뛰어 놀라왔는데 문이 잠겨있었으니 얼마나 화가 났겠니? 출석 부

르고 있을 때였으면 앞문으로라도 들어오지 그랬어!"

"아니예요, 앞문으로는 못 들어가지요 교수님이 이미 서계신 걸요."

"와! 예의가 뭔 줄 아는구나, 맘에 들어. 오늘 수업 안 들었어도 문제없겠다. 그런데 집이 어디니?"

"경산이예요."

"대구 끝에서 끝이네, 정말 멀구나. 그런데 자넨 판단력이 뛰어나서 꼭 성공하겠어. 집 근처에 대학교가 4개나 있는데 우리 학과가 제일 좋다는 걸 알고서 입학했으니 말이야. 김군 내말이 맞지? 근데 자넨 집이 어디야?"

"신림동이요."

나는 갑자기 멍해졌다. 대구에 신림동이 어디 있지? 없는데… 그러면 서울 신림동에 산다는 건가? 내가 서울태생이라 서울에 신림동이 있는 건 안다.

"서울 신림동???" 내 목소리 톤이 올라갔다.

"네에…"

"그럼 오늘 아침에 신림동에서 왔다는 거야?"

내 목소리가 한껏 높아졌다.

김군은 8월 서울에 취업이 되었고, 이번이 마지막 학기란다.

일주일에 두 번 내 수업 들으려고, 서울 신림동 집에서 대구 파호동 학교까지 왕복운전을 해서 다닌다네! 그것도 당일치기로! 이게 말이 되는 얘기인가? 그날은 새벽 4시에 출발하여 오는데 시간이 좀 남는 것으로 네비게이션에 떠서, 칠곡휴게소에 들러 우동 한 그릇을 먹고 왔더니 3분 늦고 말았다나. 안타깝게도.

 나는 뭐라고 말해야하나?? 나의 빡빡하고 융통성 없는 규칙 적용이 과연 진정으로 학생들 교육을 위한 것이 맞는지 무척이나 혼란스럽다. 나는 지금까지 독선적이었던 것이 틀림없다. 학교에서 정식 취업한 학생에 대하여 출석인정과 학점부여를 가능케 한 규정이 있음에도, 나는 내 멋대로 거부하고 있었다. 미취업 학생들은 수업을 다 듣고도 학점을 못 받는 경우가 있는데, 취업이 무슨 특혜사항이 될 수 없다는 것이 나의 주장이었다. 매 강의 개강 첫날, 잊지 않고, 이런 나의 생각을 공지해 왔다.

 "야 이 사람아 왜 내 강의를 수강하는 거야. 취업인정해주시는 교수님 강의를 선택했어야지…"

 김군은 멋쩍은 미소를 띠면서 "그냥요…"

 "그리고 난 출석점수 없는 거 알잖아. 1/3까지 결석해도 되는데 뭐 하러 보강까지 오는 거야. 서울 대구 거리가 얼만데, 정말로…"

이번에도 같은 미소로 "그냥요…"

그날 밤 나는 많은 것을 생각했다. 나의 개똥교육철학에 대하여! 그리고 학생들이 나의 규칙을 따르는 이유에 대하여! 그들은, 속으로는 맹렬히 비난하면서도, 학점 때문에 어쩔 수 없이 따라 주는 것이라는 결론을 내렸다. 그럼 앞으로 어떻게 해야 하나? 학생들이 수시로 문을 벌컥벌컥 열고 들어와도, 수업시간에 휴대폰으로 문자를 주고받아도, 친구와 잡담을 해도, 못 본체 못 들은 체 하고 내가 강의할 내용만 떠들어야 하나? 머릿속은 벌집을 쑤셔 놓은 듯 찌릿찌릿하고 어질어질하였다. 도저히 정리가 되지 않았다.

그래도 일단 김군에게 쪽지는 하나 보내야한다는 생각이 들었다.

'김군! 오늘 잘 돌아갔지? 내 강의 수강포기하면 어떨까? 졸업학점이 부족하면 회사일 열심히 하다가 다음 학기에 취업인정 해주시는 교수님 강의 수강해서 졸업해도 되지 않겠니?'

여기까지 쓰다가 나 자신에게 흠칫 놀랐다. 여전히 나의 원칙은 바꿀 생각이 전혀 없다. 밤새 머리 쥐어뜯으며 고민했음에도…

다시 쪽지를 썼다

'김군 오늘 잘 돌아갔지? 피로하겠다. 회사에서 취업증명서 발급받아서 스캔해서 내 메일로 보내던지 아님 우편으로 보내주던지 하렴. 그리고 회사일 열심히 해. 신입사원이 학교 간다고 일주일에 이틀이나 빠지면 누가 좋아하겠니? 늘 건강하고 행복하렴. 참 오늘 우동 먹고 온 건 참 잘 한 거야. 허기지고 수업 들어봐야 귀에 안 들어오거든. 나도 배고픈 건 못 참아.'
학교 교수학습지원센터 강의실 시스템에서 쪽지를 보냈다. 그리고는 이제부터 학생들한테 아주 융통성 있게 대하리라 다짐하면서 잠을 청했다.

다음 주 그 강의에 들어가니 김군이 또 앉아 있었다. 반갑기도 하고 의아하기도 했다. 수업을 마치고 나오니 드릴 말씀이 있단다.

"그래 증명서 직접 가져왔구나. 연구실에서 받고 인사 나누자꾸나." 연구실에 들어오더니

"교수님 저 그냥 수업들을 겁니다. 출퇴근이 자유로운 회사라서 제가 시간 잘 조정하면서 열심히 하고 있습니다. 걱정 마세요."

"그래도 난 아니야. 자네가 하루에 700키로를 운전하며 수업 들으러 온다고 생각하면 내가 너무 걱정이 돼서 안 되겠어. 게다가 그 것 보충하려고 주말에도 근무하고 있겠네. 내 강의가 뭐 그렇게 대단한 것도 아닌데 휴일도 없이 쉾아. 그리고 학교 규

정상 레포트로 학점 줄 수 있게 되어 있으니 그렇게 하겠다는 거야."

김군은 평소의 조용한 말투와는 다르게 꽤 단호한 어조로 말을 이어갔다.

"저는 교수님이 이제까지 지켜 오신 원칙을 깨시지 않으셨으면 좋겠어요."

"제가 그걸 바랐다면 교수님 강의 신청하지도 않았을 겁니다. 교수님이 저 때문에 그걸 바꾸시게 되는 것은 원치 않습니다. 끝까지 하시던 대로 해 주십시오."

나도 질세라 또박또박 대꾸했다.

"자네 때문에 바꾸는 게 아니고, 자네 일로 인해서 나의 획일적인 원칙고수가 문제가 있다는 것을 깨달은 거야. 그래서 오히려 자네한테 고맙게 생각하고 있어."

김군은 도망치듯 연구실 문을 나서며,

"그냥 수업 들으러 다닐 겁니다. 운전 조심하겠습니다~"

나는 너무 혼란스러워서 물었다.

"4학년 강의도 아닌데 왜 하필 내 강의를 신청했니?"

"히~~ 그냥요."

'김군! 잘 살고 있지? 늘 행복하렴!'

오늘따라 그 녀석 미소가 무척이나 그립네…

06 선생모양 갖추어 가기

나는 복도 많고 운도 좋은 사람이다.

고등학교 시절 작은아버지가 가지고 계시던 김상엽교수 저서 〈모택동사상〉을 읽은 적이 있다. 1967년 지문각에서 발행한 책으로 이제는 노랗게 빛이 바래고 책장을 넘기면 바스러질 것 같은데도 여태껏 지니고 있다. 내가 아직도 해결하지 못하고 짊어지고 다니는 숙제를 처음으로 던져준 책이기 때문이다. 마오쩌둥(毛澤東)의 사상이 도대체 무엇이길래 그 척박한 상황 하에서 사회주의 혁명을 성공시킬 수 있었던 것일까? 하는 의구심은 내 장래 진로에 결정적 영향을 미쳤다.

대입 1차에 낙방하고는, 부모님과 상의 한마디 없이 중국어과를 지원하였다. 어머니는 대학과 전공이 마음에 들지 않으신다고 재수학원 등록증을 내미셨다. 그래도 꿋꿋이 입학하여 정치학을 부전공으로 택했다. 학과장이시던 정교수님께서 따로 부르시어 부전공을 교직으로 변경하라 하시는 권유를 마다했다. 4학년이 되자 대만 유학을 준비했다.

당시 중국문학의 대가이신 허교수님께서 중국정치는 쓸데가 없는 학문이라 하시며, 중국문학을 전공하라고 수차례 강권하셨다. 나는 진짜 겁이 없었다. 중국정치학박사 받아봐야 밥도 못 먹고 산다고 호통 치시는 데도 대만 국립정치대학 추천서를 부탁하고는 연구실문을 나섰다. 이 천지모르고 깨춤 추는 제자를 어찌할 수가 없으셨던 모양이다. 너무나 감사하게도 추천서를 보내주셨고, 대만 소식통을 동원하시어 공식 통보가 오기도 전에 나의 입학허가를 알려주셨다.

난 참 복이 많다!!

대만 정치대학에서의 수업은 충격적이었다. 반공을 국시로 하는 분단국가인 한국에서 듣지도 보지도 못했던 강의와 서적을 접하게 되었다. 물론 중화민국 대만도 대륙의 중화인민공화국을 공산괴뢰정권으로 규정하기 때문에 오직 중국대륙전공 대학원학생에게만 허용한 것이긴 하다. 새로운 학습 환경에서 유학길에 안고 온 내 의문의 답을 찾아보겠다고 의욕을 불태웠다. 즉 장제스(蔣介石)는 어쩌다 이 작은 섬으로 밀려날 수밖에 없었을까? 그리고 마오쩌둥은 오지에서 농민들을 어떻게 동원하여 그 큰 대륙을 차지할 수 있었을까?하는 질문이다. 하지만 한학기가 끝나기도 전에 철저히 좌절해갔다. 부여되는 과제는 너무도 벅찼다. 귀국할 수 있는 핑계가 생기길 간절히 바랄 뿐이었다. 하지만 그런 일은 생기지 않으니 근근이 버텨낼 수밖에 다른 도리가 없었다.

그 즈음, 한국 대학에는 엄청난 변화가 일어나고 있었다. 졸업정원제 도입으로 대학들은 입학정원을 폭발적으로 늘렸다. 신설학과들이 속속 출현하였다. 가장 두드러진 것은 중어중문학과가 각 대학마다 우후죽순처럼 개설된 것이다. 그런데 계명대학교는 1979년에 중국학과를 개설하였단다. 한국에서 최초로 중국지역학과가 등장한 것이다. 평소 어문학보다는 지역학으로 중국을 종합적으로 보고 싶다고 생각해온 나에게는 매우 신선한 소식이었다. 대만 유학생들 얼굴에는 활기가 돌았다. 학과가 많아지면

교수 요원도 그만큼 더 필요해질 것이기 때문이다. 나도 덩달아 고무되었다.

나는 석사논문을 쓰며 미국유학을 준비하였다. 중국정치연구의 객관성을 유지하려면 박사는 미국 가서 하라하신 은사님 말씀을 깊이 새기며 대만에서 토플·GRE시험을 보았다. 참 다행히도 난 미국행 비행기를 탔다. 또 무진 애를 쓰면서 영어수업에 적응할 무렵, 도서관에서 아르바이트 하던 남편이 계명대학교 중국학과 교수 공채 소식을 듣고 왔다. 중국정치와 중국사회 분야를 뽑는단다. 응모했고 채용되었다.

난 참 운이 좋다!!

1982년 가을 나는 대구로 갔다. 인생계획에 없던 아니 꿈에도 생각하지 못했던 일이다. 워싱턴대학에서 같이 공부하던 친구는 극구 말렸다. 첫 번째 이유는 박사학위 다 마치고 서울소재 대학으로 가라는 것이고, 두 번째는 대구가 시댄이니 소굴(?)로 찾아 들어갈 필요가 있냐는 것이다. 하지만 나는 '중국학과'라는 이유 하나로 친구의 염려를 애써 마음에 두지 않고, 선생의 길로 과감히 들어섰다. 아직 지식도 덜 갖추고 경험도 부족했지만 열정만은 차고 넘쳤다.

첫 학기에, 미국에서 TA로 한국어 수업을 해보긴 했지만, 교수로써 전공수업은 처음인지라 열과 성을 다하여 강의에 임하였다. 아니 열의가 과하였다. 중국어와 영어 교재에 어려운 용어를 써가며 쉴 새 없이 과제를 내주었다. 나만 신났다. 학생들을 모두 중국학 학자로 만들어보겠다는 모양새였다. 한 두 학기가 지나면서 학생들의 원성이 내 귀에 쩽쩽하게 들려왔다. 과유불급이다. 그래서 강의의 난이도를 조절하였다. 하지만 과제는 줄이지 않았다. 뒤처지는 학생들은 연구실로 불러 보충수업도 해주었다. 채찍과 당근을 섞어가며 다그치고 또 다그쳤다. 제법 따라와 주는 학생들만 눈에 보였다. 그건 아닌데....

나는 평소에 사람 '학습능력'의 총량은 다 비슷하다는 생각을 갖고 있었다.
'공부를 잘하는 사람은 일찍부터 학습에 잘 훈련된 덕분이다. 천재도 노력하지 않으면 그만이다. 노력하는 만큼 학업실력은 향상된다. 그러므로 남보다 잠 덜자고 노력하는 것이 최상의 방책이다.'
나는 이런 생각으로 밤잠 줄여가며 공부했었고, 이 생각을 학생들에게 귀가 따갑도록 얘기했다.

"여러분이 원래 부족한 사람들이 절대 아니다. 지금부터라도 열심히 공부하면 졸업할 때는 서울대 중문과 학생들보다 더 실력이 좋을 수 있다."

"4당5락이 아니고 3당4락을 실천해야 한다."

"더욱이 중국어는 다 같이 시작하는 것이니(당시는 그랬다) 한 번 경쟁해볼 만하지 않느냐?"

"취미생활도 연애도, 운동도, 쇼핑도 하지 말고 공부만 해라."

"시내 노는데서 만나면 가만두지 않을 것이다."

이 무슨 말도 안 되는 강요와 협박을 서슴없이 자행했었단 말인가!!

그래도 이런 협박이 일말의 효험이 있었는지, 해마다 대견스런 졸업생들이 몇 명씩 나오자 나는 고무되었다. 아! 학생들에게는 무섭게 몰아치는 거 밖에 없구나. 시키면 되는구나. 수업시간에 유학 간 학생, 대기업에 합격한 학생, 코트라에 합격한 학생, 7급 검찰직에 합격한 학생, 은행에 취업한 학생 등등 공부 잘한 선배들의 모범사례만 쏟아내며 독려하였다.

그 당시 나는 참 어리석었다. 공부 잘하는 것만 능력이고 그래야만 출세해서 행복할 수 있다고 믿었다. 아무리 지도해도 중국어발음이 잡히지 않는 학생, 암기가 진짜 안 되는 학생들을 보며 잠을 더 줄이라고 몰아세웠다.

"교수님 살면서 이렇게 열심히 해본 적이 없어요, 연습해도 정말 안돼요. 제 혀가 기형인가 봐요."

거의 울먹이며 말하는 학생에게 내 자비란 없었다. 그 학생들이 받았을 좌절감을 다독거려야 한다는 것을 진정으로 몰랐다. 알량한 지식만 전달하는 선생이었다. 그래도 학생들은 내가 자신들을 위해서 그러는 거라며 열심히 나를 따라주었다.

난 참 복도 많다!!!

이런 나의 오만과 편견이 흔들리는 일이 일어났다.

학생들이 '중국학의 밤'이라는 학과 행사를 해보겠다고 찾아왔다. 예산도 없었지만 나는 솔직히 무슨 프로그램을 어떻게 해야 할지 조언을 해줄 수가 없었다. 공부하는 것 말고는 다른 재간이 아무 것도 없는 나였으니까! 학생대표들은 허락하시면 안을 만들어 오겠단다. 내가 이 행사가 학습에 방해가 된다고 불허할 거라고 생각했었나 보다. 하지만 교수라고 해서 그럴 권리는 없었다.

중국어노래 · 중국무용 · 원어연극 그리고 중국전통의상 패션쇼까지 종합예술 발표회로 프로그램이 짜여졌다. 나는 학생들이 참으로 대견스러웠다. 이렇게 멋진 기획이 학생들 자체 머리에서 쏟아지다니 놀라웠다. 연습과정은 내 예상을 뛰어 넘는 수준이었다. 쉬는 시간이면 거울만 봐서 내 눈살을 찌푸리게 하던 그 여학생이 카리스마 넘치는 연극 연출가로 변신하였다. 무대의상은 학생들이 서문시장에서 천을 떠다가 멋지게 만들어냈다. 단추달기도 잘 못하는 나는 아이들의 이런 능력들에 감탄을 연발하였다.

참가자와 스텝들이 공연준비에 여념이 없을 때, 학과대표단은 중국대사관에 가서 값비싼 중국전통의상을 빌려오는데 성공하였다. 그것도 무료로 대여해왔다. 그리고 지원부대는 찬조금을 모아왔다. 대학인근 식당·당구장·미용실 등등을 돌며 팜플릿에 넣을 광고를 받아온 것이다. 나는 또 졸아들었다. 누구한테 단돈 천원도 달래지 못할 나는 학생들의 그 용기와 협상능력이 존경스럽기까지 했다. 행사물품과 행사경비도 모두 마련되었다. 이제 성공적인 공연만 남아있었다.

학생들이 실수하면 어쩌나? 정말 긴장되고 떨렸다. 여러 프로그램이 다 잘 진행되었을 뿐만 아니라, 제일 어려운 원어연극도 대성공이었다. 혀가 기형인 것 같다던 그 남학생녀석은 뛰어난 연기력으로 관객들의 환호를 끌어냈다. 나는 연기에 팔려 그의 중국어 발음이 어땠는지 전혀 귀에 들어오지 않았다. 자녀들의 공연을 관람하신 학부모님들도 뿌듯한 기색이 역력하다.

중국학의 밤은 사람마다 다 다른 능력이 있다는 것을 나에게 깨닫게 해준 고마운 행사이다. 개인능력의 총량은 학습으로만 따져서는 절대 안 된다!! 매년 개최된 행사 때마다 나는 학생들의 다양한 능력들을 보며 '진정한 능력총량 불변의 법칙'을 확인할 수 있었다. 공부만 잘해야 출세하는 것이 절대 아니고 남다른 자신만의 능력을 계발하면 되는 것이다. 제1회 중국학의 밤을 총괄 기획했던 제자는 멋진 사업가로 성장하였고, 딸을 후배로 만들만큼 중국학과를 사랑하고 있다.

난 학생들로부터 참 좋은 교훈을 얻었다!

이런 교훈을 바탕으로 나의 개인 능력에 대한 사고가 새롭게 다듬어지고 있을 무렵, 1992년 학생들에게 광활한 중국대륙을 기회의 땅으로 펼쳐주는 한중수교가 이루어졌다. 나의 수업시간의 멘트는 바뀌었다.

"여러분은 중국을 어떻게 자신의 진로와 접목시킬 수 있을지 고민해야 한다."

"이번학기 제일 중요한 과제는 자신이 좋아하고 잘 할 수 있는 일을 찾아내는 것이다."

"생각이 정리되면 교수면담 신청하고, 우리 같이 고민해보자."

한 여학생이 면담하러 왔다.

"교수님이 화장을 잘하시면 훨씬 부드러워 보이실 거예요."

내가 엄하다는 표현을 이렇게 애 둘러서 하며, 본인은 메이크업에 제일 관심이 많단다.

"너무 잘 됐다. 중국여성이 개혁개방되면서 화장과 패션에 관심을 갖기 시작했거든. 네가 졸업해서 사회 나갈 쯤에는 중국 메이크업 시장이 활짝 열릴 거야."

그 여학생의 얼굴도 활짝 펴졌다.

"하지만 ○○야 중국어를 못하면 중국고객하고 대화를 못하겠지?"

"아 그러네요, 노력할께요, 감사합니다."

한껏 들뜬 목소리로 연구실 문을 나선다.

학생들이 찾아낸 자신들의 관심분야는 정말로 다양했다. 물론 대다수의 학생들은 중국관련 회사 취직, 중국무역, 스튜어디스, 관광가이드 등 일반적으로 선호하는 직종이 관심을 보였다. 하지만 개중에는 자신들의 장기가 어린아이 돌보기·미용·요리라던가 동물조련사나 로커가 되는 것이 목표라는 학생들도 있었다. 나는 이런 취미를 들을 때면, 좀 더 전공을 살릴 수 있는 특기를 찾아보면 좋겠다는 생각을 했다. 물론 나의 속내를 드러내지 않으려고 무진 애를 쓰긴 했다. 하지만 직설적인 나의 성격상 틀림없이 제자들에게 비우호적인 답변을 했을지도 모른다.

  수년이 지난 어느 날 아이를 좋아한다던 제자가 취업했다며 연구실에 나타났다. 중국에 가서 어린이 중국어를 전공하고 유치원 시간제 교사가 되었단다. 깜짝 놀랐다. 요즘은 이미 대세가 되었지만, 2000년대 초에 서울 강남의 한 유치원이 중국어를 개설했다는 소식도 놀랍고, 유아중국어를 전공했다는 것은 더욱 신통하고 놀라웠다. 이렇게 전공과 접목시킬 수 없을 것 같은 취미를 살려 멋진 직장을 찾은 사례는 그 후에도 계속 나타났다. 어머니가 운영하시는 미용실에서 알바를 하며 기술을 익혀, 한국 ○○○미용실 상하이 분점에 취직한 제자, 선전(深川)의 5성급호텔에 근무하며 최우수직원 표창을 받은 제자 등등이 나를 참으로 기쁘게 해주었다. 자신이 좋아하는 일을 열심히 하면 국가나 장소가 어디든지 기회를 잡을 수도 있다는 것을 나에게 깨우쳐주었다.

  학생들이 선생보다 백배 더 똘똘하다!!

  이런 값진 교훈 덕분에, 학생들이 나에게 들려주는 어떤 취미나

목표에 대해서도 긍정적으로 화답하게 되었다.

문득 늘 어두운 얼굴로 강의실에 혼자 앉아 창밖만 바라보던 제자가 생각난다. 수업 태도도 별로이고 과제도 엉망이었다. 면담 신청도 하지 않는다. 참다못해 어느 날 강의 마치고 내 연구실로 가서 얘기 좀 하자고 청했다. 도살장에 끌려가는 소 모양 다리를 끌며 억지로 따라온다. 들어서자마자 학교 다니기 싫어서 할 얘기도 없다며 앉으려고도 하지 않는다. 한참만에야 그 이유를 들을 수 있었다. 본인은 동양화과에 가고 싶었는데 아버지가 무조건 중국학과에 가라고 해서 입학했단다. 재수하고 싶어도 아버지가 너무 무서워서 용기를 낼 수가 없단다.

나는 서슴없이 "당연히 미술 해야지."

"음, 베이징에 유명한 중앙미술대학이 있는데, 거기 유학가면 어떨까?"

말도 끝나기 전에 그 여학생은 만면에 희망의 웃음을 머금는다. 처음 보는 밝은 표정이다. 우리 둘이는 머리를 맞댔다. 우리 과에서는 중국어과목과 전공 필수학점만 수강하고 동양화과를 제2전공으로 하는 학습계획을 세웠다. 그 다음 학기부터 나는 그 여학생을 보지 못했다. 미대는 다른 캠퍼스에 있어서 주로 거기서 생활하기 때문일 것이다. 내 머리 속 학생명부에서도 지워져

버렸다.

  인연은 묘한 것이다. 한번은 총장님 모시고 중앙미술대학을 방문하였다. 회의를 마치고 그 대학 부총장의 안내로 미술실기실을 참관하러 들어갔다. 정숙한 분위기에 숨죽이고 있는데, 별안간 누가 나를 뒤에서 끌어안는다. 놀라서 돌아보니 바로 그 여학생이다. 너무 반가워서 실기수업중인 것도 깜빡하고 둘이 손을 잡고 복도로 나왔다. 진수(進修)생 즉 예비대학원생이란다. 다음 학기에 정식 대학원생이 되기 위해 열심히 노력하고 있다고 말하며 눈시울을 붉힌다. 외국생활에다 어려운 전공수업 따라가느라 힘든 기색이 역력하다. 안쓰러웠지만 그 뚝심이 무척 대견스러웠다.

  물론 교직생활동안 지금까지 열거한 것처럼 대학생활 잘해서 해피엔딩을 가져온 학생들만 있었던 것은 아니다. 농땡이들도 많았고, 말썽쟁이들도 수두룩하고, 반항기 가득 찬 학생들도 구석구석 자리하고 있었다. 나한테 F학점 받아서 졸업 못 하게 되었다고 연구실 소파에 벌렁 누워, 다음 학기 등록금 내주고 인생 책임지라고 생떼 쓴 제자도 있었다. 나는 이런 학생들은 어떻게 하면 철이 들고, 언제쯤에나 나이 값을 할까하고 애를 태우곤 하였다.

그런데, 21세기로 접어든 어느 때쯤인가, '학생들이 아직도 청소년 티를 벗지 못한 고등학교 4학년들이네' 하는 생각이 슬며시 들기 시작한 것이다. 이런 변화는 내 자식들과 무관해 보이지 않는다. 2000년 내 딸이 대학생이 되었다. 다른 애들 보다 철이 빨리 들어 어른스럽다고들 했지만, 여전히 내 눈에는 아이다. 3년 후 대학생이 된 아들은 내 품에서 내 놓는 것마저 불안했다. 그런데 그동안 나는 내 제자들이 성인이니 어른다워야 한다며 다 큰 어른으로 엄하게 다루어왔다.

자연스럽게 수업시간의 멘트가 다시 바뀌었다.

"대학생 되었다고 어른이네 하지 말고 부모님이나 교수님께 늘 상의 드리고…"

"어학연수 가면 부모님이 걱정하시니 자주 전화 드리고…"

"공부 잘하는 것보다 바른 생활하는 것이 더 기특한 거야."

그러다보니, 수업시간에 들려주는 선배이야기의 주제도 바뀌었다. 우등 졸업할 만큼 우수했지만, 과 왕따였던 여학생이야기가 단골 메뉴가 되었다. 내가 과대표한테 급히 전달하라고 한 보강공고를 본인은 연락을 못 받았다며, 그 여학생이 나를 찾아왔다. 전출을 놓친 아쉬움에 흥분했다. 자초지종이 궁금하여, 과대표를 불러 물으니 일부러 안 알렸단다. 우리 과 왕따라서 당연히 몰랐을 거라며 한건 했다는 흐뭇한 표정이다.

　그 이유인 즉은, 다른 학생들한테는 리포트 자료도 부탁하고, 노트도 다 빌려가면서, 정작 본인 것은 전혀 공유하지 않는 얌체란다. 장학금을 독식해서 미운 것이 아니고, 그녀의 방법과 행동들이 너무 야비해서 모두 안 놀아주고 있단다. 나는 대표에게 잘했다며 어깨를 두드려주고 보냈다. 그 여학생을 불러서는 무엇이 잘못인지를 설명해 주었다. 그 여학생은 입으로는 "네, 고쳐볼께요."하면서도 별로 깨닫지 못하는 눈치였다. 취업도 잘했다. 하지만 그 후 한 직장에서 6개월을 못 넘기고 몇 번이나 이직하다가 잠시 쉬고 있다는 얘기가 들려왔다. 이런 이야기는 잘난 선배이야기보다 훨씬 전달력이 빠르고 효과도 있었다.

　면담의 내용도 이에 맞추어 바뀌어갔다. 항상 학업이야기나 진로이야기만 주고받았는데, 생활이야기에 더 많은 시간을 할애하다보니 대화 분위기가 훨씬 부드러워졌다. 한 제자가 면담 마치고 문을 나가려다 돌아서서는

　"교수님 강의실에서만큼 무섭지는 않네요, 괜히 떨었네요."
큰일 해낸 것처럼 안도의 미소를 지어보인다. 선배들이 지각하면 죽음이라고 해서 면담시간 10분전에 도착하여, 연구실 밖에서 안절부절 서성였는데, 막상 자리에 마주하니 한없이 따뜻해

서 좋았단다. 선생노릇 하는 방법을 좀 알아가고 있었다. 학생들 가르친 지 20년이나 지나서야 말이다.

이렇게 제자들로부터 얻은 교훈 덕분에 차츰차츰 이모가 깎이고 저모가 다듬어져 갔다. 나도 학생들도 서로 많이 편해지고 가까워졌다. 복도에서 만나면 어디 다른 샛길이라도 없나하고 살피던 20세기 제자들과는 달리, 21세기 제자들은 멀리서 "교수님."하고 손 흔들며 다가온다. 우리학과 출신으로 나의 동료인 모 교수가 이런 광경을 보고는,

"너희들은 교수님이 무섭지도 않니?"하며 고개를 갸우뚱한다.

"수업관련해서만 엄청 무서워요. 하지만 시간 잘 지키고 정직하면 괜찮아요."

나는 제자 복도 참으로 많다!!

07 보이스피싱 모면 비화

정년 다음 해 어느 날 휴대폰으로 보이스톡이 왔다. 별로 반갑지 않은 이름이 뜬다. 서로 연락한 기억도 없는데 무슨 일이지 하며 받았다. 다급한 음성이다. 목소리는 알겠는데 잡음이 요란하여 상대방 이야기가 명확히 들리지 않는다. 내용인 즉은 중국에 갔는데 문제가 발생하여 내 도움이 필요하단다. 본인 휴대폰 상태가 좋지 않아 잘 안 들리니 다른 사람 폰을 빌려 곧 다시 걸겠단다. 끊자마자 걸려온 전화에 대고, 나는 냉큼

"선생님 미안한데요, 제가 정년후로는 중국친구들하고 연락을 안 해서 도움을 드릴수가 없네요."하고 말했다.

어떤 어려움에 처했는지, 무엇을 도와 달라는 것인지 들어보지

도 않고 일언지하에 거절하였다. 그 교수는 다시 애원하듯이 도와달라고 했지만 나는 냉정하게 거절하고 통화를 마쳤다. 그리고 1분도 안되어 또 걸려왔다.

"그러면 그 과 모모교수 전화번호 좀 알려주세요, 거기 부탁해 보려고요."

이런 부탁에 나는 "상대방에게 동의를 구해야 하지 않을까 합니다. 미안합니다."

"그럼 중국 연락처를 알려줄 터이니 국제전화 좀 해달라고 전해 주세요."

"아! 니! 요! 미안합니다."
내 목소리에 짜증이 잔뜩 실렸다. 옆에서 듣고 있던 남편이 누군데 당신답지 않게 전화를 받는 거냐며, 의아한 눈으로 나를 쳐다본다.

사실 나는 누가 도움을 청하면 기꺼이 응하는 편이며, 더욱이 중국관련 일이라면 팔을 걷어 부치고 나서곤 하였었다. 내가 인맥을 동원해서 해결할 수 있는 사안이면 열심히 도우려고 애썼다. 그러다보니 나한테 특강 한번 들었을 뿐인 사람들한테서도 이런저런 연락이 오곤 했다. 중국여행 갔다 다리가 부러졌는데 어느 시골 병원에 있다면서 도와달라는 사람은 상하이 큰 병원으로 이송하게 해주었다. 남편이 중국에 사업하러 다니는데 외도낌새가 있다는 부인을 위해서는 3일 만에 상황을 파악해 알려주었다. 참 오지랖도 넓게 말이다.

얼마가 지나서 다시 울리는 휴대폰을 보며 또 그 교수인가 봐 하며 얼굴을 찡그리고 받을까말까 망설였다. 남편이 오죽하면 자꾸 전화하겠느냐며 가능하면 잘 들어주란다. 다급한 목소리는 우리 과 교수들의 이름을 죽 나열하며 제발 누구 연락처라도 알려달라는 것이다. 나는 교수 수첩을 찾아 들고 누구 번호를 알려줄까 훑어보면서도, 입에서는 "아, 정말로 미안합니다."는 말이 튀어나왔다. 나는 내 행동에 흠칫 놀랐다. 이렇게 전화를 응대하고 나는 며칠 동안 마음이 아주 편치 않았다. 혹시 장기매매단에 납치 된 건 아닐까? 내가 이렇게 모진 사람이었나? 그렇지 않아도 머리가 뒤숭숭한데, 남편이 잊을 만하면 핀잔을 주는 바람에 걱정과 미안함으로 꽉 차 있던 울화를 남편에게 뿜어댔다.

이런 상황을 초래한 것은 1996년 무려 20여 년 전의 사건에서 비롯된 것 같다. 그날 점심식사 하러 동료교수들과 1층 로비로 내려오는데 학생 몇 명이 단과대학 행정실 집기를 마구 들어내고 있었다. 우리 과 학생 녀석들도 보였다. 식사를 마치고 돌아올 때는 교수들과 직원들이 집기를 다시 집어넣고 있었다. 그날 점심시간에 3개 단대에서 같은 일이 발생했다. 다른 두 단대에서는 학생들이 행정실을 점거하여 오후 늦게까지 집기를 집어넣지 못하였단다. 우리단대만 다행히 1시간 만에 종료되었다. 대수롭지 않은 일이라 생각했다. 왜냐하면, 당시 학내 민주화를 요구하는 데모가 전국 각 대학에서 발생하고 있었고, 우리 대학에서도 산발적으로 있어온 일이었기 때문이다

그런데 며칠 후, 여기 가담한 학생들에 대한 단과대학징계위원회가 소집되었다는 통지를 받았다. 당시 내가 학과장이었다. 이런! 대상학생 5명중 3명이 우리 과 학생이다. 나는 막중한 책임감을 느꼈다. 1명씩 소속되어 있는 다른 2개과 학과장들과 만나 대책을 논의했다. 그리고 2개 타 단대 학과장들과도 향후 진행과정을 공유하기로 하였다.

첫 회의가 열렸다. 위원장인 학장이 징계사유가 공무집행방해라며 유기정학을 제안한다. 나는 점심시간에 발생하여 행정사무에 차질이 없었으니 부당하다고 대응했고, 다른 위원들도 모두 내 의견에 동의하였다. 위원장은 유기정학을 관철시켜야 하는 뒤가 구린 사연이 있는 듯 정회를 선언하였다. 회의 후 들은 소

식에 의하면, 다른 두 단대 위원회에서는 모두 구두 경고하는 것으로 종료되었단다. 오후 내내 행정이 마비되었음에도 불구하고 말이다. 이런 마당에 우리 학과장들은 우리 학생들을 정학에 처하게 할 수는 없다는데 공감하고, 다음회의에서는 타 단대의 결정을 이야기하고 강경대응하기로 의견을 모았다.

80년대와 90년대는 학생운동이 활발했던 시기이다. 물론 내가 대학 다닐 때는 더 심했었다. 군부독재에 항거하는 민주화운동은 늘 있어 왔다. 교수로 부임하고 보니, 우리 과는 설립이래로 전교에서 소위 운동권성향이 가장 강한 학과이다. 우리 대학 민주화추진위원장이자 영남지역위원장이 우리 과 학생이고, 우리 단대 역대 학생회장도 소위 운동권 소속 우리 과 학생이 도맡아 하고 있다. 그러다보니 학내에서 데모를 하면 늘 선봉에 우리 과 학생들이 포진해 있다. 이들은 수업에 소홀할 수밖에 없어 성적은 잘 받지 못했지만, 모두 정의감이 강하고 예의도 바른 학생들이었다. 그럼에도 늘 학교당국으로부터 주목을 받고 있었다.

나중에 사건이 진행되면서 파악한 일이지만, 이번 행정실 일에 가담한 우리 과 3학년 복학생 녀석이 바로 요주의 리스트에 분류된 인물이었다.

두 번째 회의가 소집되었다. 회의장에 학생처장이 앉아 있다. 우리 단대 모 학과 교수이다. 내가 위원이 아닌 사람은 회의 참가가 불가하다고 하자, 옵서버로 참관한단다. 위원장이 참석을 허락했다나? 우리 과 학생이 주모자라서 그냥 넘어 갈수 없다며 회의 분위기는 더 강압적이 되었고, 처장과 같은 과 소속 학과장은 우리 편에서 돌아섰다. 나는 타 단대와의 형평성과 학생들 장래를 생각해서 학적부에 기록을 남길 수는 없다며, 내가 열심히 훈육하겠다며, 자신의 자식들이라고 생각해달라며 선처를 부탁하고 또 부탁했다. 씨알도 먹히지 않았다. 위원장이 주모자와 단순가담자를 분리하여 징계하자고 제안한다. 우리 과 학생 1명이 표적 징계대상이 된 것이다. 나는 정회를 제안하였고 다행히 가결되어 그날은 일단 넘어갔다.

그런데 다음날 설상가상으로 또 일이 터졌다. 무거운 마음으로 퇴근하러 주차장으로 내려오는데, 몇몇 사람이 차 한 대를 둘러싸고 있다. 다가가 보니, 차타이어 4개가 폭삭 주저앉아 있다. 바로 그 학생처장이 길길이 뛰고 있는 것이 아닌가? 옆의 교수들과 직원들이 난감한 표정으로 흥분하면서 의로하고 있다. 나는 아무런 말도 하지 않고 내 차를 몰고 그곳을 훌쩍 떠나버렸다. 차 안에서는 미소를 띠었을 지도 모른다. 고소하다고 생각하면서. 지금 돌이켜보면, 사실 그러면 안 되는 건데…

회의 속개 통지를 받았다. 정회하고 여러 날 후였다고 기억한다. 보통 정회하면 곧 이어지는데 왠지 날 잡는데 시간이 걸렸었다. 다음날 회의 생각으로 머릿속이 복잡하여 잠을 설치고 있는데, 전화벨이 울린다. 그 복학생 녀석이다.

"교수님 밤늦게 죄송한데요. 사안이 급해서요."

"응 괜찮아, 얘기해 봐."

"학생처장이 저보고 자술서를 쓰라고 합니다. 이번 일을 주도했고, 타이어 펑크도 제가 냈다고 하면 다른 후배들은 다 용서해 주겠다고 합니다."

"타이어 펑크 자네가 냈나?"

"아니요, 그래서 자술서를 못 쓰겠다고 했습니다. 그런데 교수님이 쓰라고 하시면 쓸 용의가 있습니다."

"왜 거짓 진술을 해, 자네가 펑크 내지 않았으면 자술서를 쓰지 말아야지."

"감사합니다. 기필코 제가 한 일이 아닙니다."

"그럼 됐네."

"심려 끼쳐드려 죄송합니다……"

그 학생은 거짓말을 할 학생이 아니다. 몇 년간 겪어 봐서 안다.

세 번째 회의날이다. 5명 학생의 미래가 내 어깨에 달려있다는 중압감이 밀려온다. 나는 전투태세를 갖추고 또박또박 걸어간다. 회의실에 들어서서는 인원이 너무 많아 깜짝 놀랐다. 징계위원 3명이 새로 위촉되었단다. 원래 위원 6명으로 4대2 우리 쪽에 유리한 상황이었는데 3명을 더 넣어 4대5로 만든 것이다.

우리 단과대학이 그해 사회과학대학 소속이었던 통상학과와 통합하는 역시 대단히 왕 짜증나는 사건이 발생하였다. 아마 학생처장과 학장이 이렇게 편입된 학과에서 3명을 신임위원으로 차출하는 안을 고안해 냈을 것이다. 자신들의 머리가 비상하다며 회심의 미소도 지었을 것이다.

나는 이성을 잃었다. 야비한 방법에 이성줄을 잡고 있을 수 있다면 그게 비정상이다. 회의를 진행할 수 없다며, 위원 위촉 과정 설명과 결재서류를 내놓으라고 펄펄 뛰며 덤볐다. 신규로 참석한 3명 위원들은 돌발 상황에 안절부절 야단이다. 위원장이 걷잡을 수 없이 날 뛰는 내 행동이 너무 과격해서 그랬던지 다시 정회를 선언한다. 그날 4대5로 징계가 처리될 것이라고 확신한 학생처장이 불참하여 참 다행이었다.

나는 너무 약이 올라서 말도 안 나오고, 먹을 수도 없고, 도저히 잠을 잘 수도 없다. 집에서 이방 저방 어지럽게 왔다 갔다 하며 머리를 쥐어짜 본다. 머리가 터질 것 같다. 묘안이 없다. 그냥 당하는 수밖에 없다니. 머릿속이 하야진다. 침대에 누우니 눈만 말똥말똥하다. 그 순간 전광석화가 지나간다.

자정이 다 되었다는 인식도 못하고 절친한 법학과 교수한테 전화를 걸었다. 처한 상황을 대충 설명하고

"단대합병 전에 입학한 학생은 원래 단대 소속 교수들로만 징계위원회가 구성되어야 맞지 않나요?"라고 질문하였다.

흥분되어 있어 두서없이 설명하고 있었을 터인데도, 원래 명석한 그 교수는

"네 당연하지요. 그 사안은 입학년도에 따라 분리 심의하는 것이 맞습니다."

너무 기뻐서 어쩔 줄을 몰랐다. 당장 그 학생한테 전화를 했다. 그 녀석도 잠을 못자고 있었던 모양이다.

"내일 아침 9시 교무처에 가서 자네 재학증명서를 떼어서 연구실로 가지고 오게."

"그리고 나머지 4명도 9시까지 오도록 해서 학과 사무실에 대기시켜 놓게."

다음 날 나는 일찍 출근하였다. 오후에 있을 회의에 대비하기 위해서이다. 그 학생이 나에게 내민 재학증명서에는 소속 '외국학대학'이라고 원래 단과대학 명이 기재되어 있었다. 일이 끝나지도 않았는데 너무 기뻐서 춤이라도 추고 싶었다. 이런 기분을 억제하며 다른 4명도 모두 재학 증명서를 발급받아 10부씩 복사하여 나에게 가져오도록 시켰다. 그리고 타이어 펑크에 대하여 다시 한번 확인했다. 아니란다. 마음에 평정이 찾아오고 있다. 재학증명서 뭉치와 그 학생이 자술서제출을 강요받았다고 기록한 메모를 들고, 그 법학과 교수한테는 연구실에서 대기해 주십사고 전화를 걸고, 의기양양하게 회의실로 향했다.

참석인원 10명! 회의실 저 안쪽 중앙에 처장이 앉아 있었고, 나이 젊고 말단 학과장인 나는 문 가까이 놓인 의자에 앉았다. 높은(?) 분(?)을 정면으로 마주 보는 형국이다. 내가 아주 차분하게 예의바른 자세로 손을 들고 위원장에게 의사진행 발언을 청한다. 일어서서 복사물을 위원들 각자에게 공손히 배부하고는, 1학년 3명과 나머지 2명에 대해 징계위원회를 분리하여 심의해야한다고 설명하고, 법학과 모모교수의 법리해석이라는 것도 부언한다.

연이어, 타이어 펑크 관련얘기로 이어간다.

"처장님! 용의자에 대한 증거를 제시해 주실 수 있나요?"
나의 질문이 막 끝나갈 무렵, 그 처장은 홍당무처럼 달아 오른 얼굴을 실룩거리며 앞 테이블 위 크리스털 재떨이를 들었다 놓았다하며 고함을 지른다.
"야 너 ○○○ 까불래?"
반말로 내 이름을 마구 불러댄다. 오호!! 재떨이가 날아올 것 같은 위험천만한 상황인데, 나는 날아갈 듯이 기분이 좋아진다. 회의실의 다른 상황은 잘 기억이 나지 않는다. 다른 위원들이 내 눈에 전혀 들어오지 않았기 때문이다. 다만 위원장이 부랴부랴 잠시 정회를 하겠다고 하는 그 미묘한 목소리 톤만은 기억난다.

회의실을 나와 나는 연구실로 올라갔다. 진한 블랙커피 맛이 참으로 달다. 회의가 종료되지 않았는데도 너무 홀가분하다. 내 연구실 창문 밖 소나무 두 그루가 멋지게 푸르다.
전화벨이 울린다. 속개한단다. 회의실에 들어서니 분위기가 화기애애하다. 뭔 상황?? 의아하기 짝이 없다. 위원장이 썩소를 띠며 나에게 앉으라고 권한다. 그리고는 5명에 대해 일괄 구두 경고 하는 안에 대해 위원님들에게 거수로 찬반을 묻겠단다. 만장일치로 통과되었다. 나는 너무너무 화가 났다. 입안에서는 내가 생각할 수 있는 온갖 욕설을 뇌까리면서, 입밖으로는 "위원님들 감사합니다."하는 마무리 예의멘트를 날렸다.

　위원장이 저녁 회식이 준비되어 있단다. 나는 발딱 일어나 아무 대꾸 없이 문을 나서는데, 누가 다정하게 내 이름을 부른다.

　"○○○교수님!"

그 혐오스러운 목소리!! 뒤도 돌아보지 않고 목을 빳빳이 세우고 걸어가는데, 부리나케 나를 쫓아왔는지, 어깨를 툭 치며 "같이 가시는 거지요?" 느끼한 말투를 건네며 악수를 청한다. 토할 것 같다. 본성대로 나한테 재떨이를 날리며 반말로 욕을 퍼부었으면 좋았을 텐데, 이런 비굴한 이중 모선이 몹시도 역겹다.

　"아니요, 선생님이 회식에 가실 거라서 저는 안 갑니다."

　다음날 처장과 한통속인 학장한테 학과장 사표를 냈다. 학기 중간이라며 극구 만류하는데, 봉투를 두고 나왔다. 며칠 후 그 처장과 단대 건물 앞에서 마주쳤다. 능력 있는 분이 학과장을 해야 하는데 사표를 내서 섭섭하단다. 아마 나는 이 얄팍한 멘트에 비웃음을 보냈을 것이다. 그리고 퇴직할 때까지 20여 년간 여러 보직을 거치면서 공적인 일로나, 같은 단대니 수업하러 오가면서나 마주칠 일이 적지 않게 있었다. 돌이켜보니, 형식적인 인사

교환은 했지만 대화다운 대화를 나눈 기억은 없다.

중국에서 걸려온 구원요청을 야박하게 거절하고 나서, 내가 왜 그랬는지 스스로 몹시 궁금했다. 내가 그 교수를 좋아하진 않았지만, 그렇게까지 한 이유를 생각해보기로 했다. 그러자 1996년도 타이어 펑크 사건이 주마등처럼 다가오더니, 바로 얼마 전의 일인 것처럼 전말이 생생하게 되살아나는 것이 아닌가! 사건이 종결되던 날 내 등 뒤에서 들려온 그 목소리가 고스란히 입력되어 있다가, 전화를 받는 즉시 내 몸이 자동적으로 거부반응을 일으킨 것이다. 섬뜩하다. 이유를 찾아 내 행동을 합리화하려고 한 것인데, 마음이 더 무거워졌다.

참! 나도 속이 밴댕이만큼 좁네!!

그게 언제 적 일인데! 그걸 꽁하니 이토록 오래 담아두고 있었다니! 이제 그만 잊자. 보직 직책상 그럴 수도 있었겠다고 생각해 주기로 하자! '곡즉전(曲則全, 구부러질 줄 알아야 온전하다)'이라는 문구를 써 붙여 놓지만 말고 한번이라도 실천해보기로 하자!

이러저러하게 반성하고 있는데, 휴대폰에서 문자알림 소리가 울린다. 학교 교무처에서 보낸 단체문자이다. 퇴직교수를 사칭한 보이스피싱으로 피해를 입은 교수가 있으니 조심하라는 메시지다. 그리고 조금 뒤, 우리 과 후배교수 전화를 받았다.

"교수님이 당하신 건 아니시지요?"

"아니요 난 괜찮아요. 우리 과 교수들은 피해 없지요?"

"네 저희들도 아무 일 없어요."

"다행이네요, 전화 고마워요"

내가 모질게 거절해서 우리가 무사한 것 같다는 말은 왠지 입에서 나오지 않았다.

정말 다행이다. 그 목소리 주인공이 무사하니 참말로 다행이다. 내가 사기를 당하지 않은 것도 다행이다. 그리고는 남편한테

"그 전화가 보이스피싱이었다네."

"그것 봐, 내가 안도와 줄만 하니까 안 도와줬지."

"없는 돈마저 다 사기당할 뻔했잖아. 역시 내 판단력은 못 말려."

엉뚱한 궤변을 늘어놓으며 반성어린 안도의 숨을 내쉬었다.

꼰대 수성

2장 **꼰대의 일상이야기**

01 내 마음에 비친 산 풍경

여름이다. 그제가 초복이었다. 그때부터 연일 33도를 넘는 폭염이다. 삼복더위니 그럴 수밖에. 중복을 끼고 있는 다음 주는 이보다 더 덥다는 예보이다. 나는 여름을 좋아하지 않는다. 더위 때문은 아니다. 더위를 별로 타지 않고 땀도 잘 흘리지 않는 체질이라 딱히 불편을 느끼지 않는다.

게다가 고맙게도 모기가 나는 물지 않는다. 혼자 물려 약 오른 남편한테 내가 냉혈인간이라서 그렇다는 엉뚱한 화살을 맞기도 하지만. 또 좋은 면도 있다. 나이 들어 굼떠진 이 할머니에게는 낮이 길어 활동하기가 편하다. 그리고 내 깔끔이 성격 탓에 세탁비가 만만치 않게 들어가는데, 여름옷은 대부분 물빨래하니 그

것도 좋다.

　그럼에도 내가 여름을 4계의 4번째로 꼽는 이유는 그 풍경이 마음에 들지 않아서이다. 녹음이 우거진 나무는 잎이 너무 풍성해서 나무 가지가 어떻게 뻗어 나가서 이런 나무 형태가 되었는지 가늠할 수 없다. 그 나무 본연의 모습을 다 볼 수가 없다. 무언가 숨기고 있는 것 같기도 하고, 교만해 보이기도 하고, 허풍쟁이 같기도 하다.

　이런 나무들이 이룬 숲을 보노라면, 한 폭의 풍경으로 묶여버린 수풀과 깊게 드리워진 그늘로 인해, 나무와 이웃 나무들 간의 대화나, 나무와 배경인 하늘과의 어울림이나, 그리고 나무와 근원인 땅과의 비비댐을 느낄 여지가 없다. 숲길을 걸으면 그냥 그늘이 들어 시원하네 하고 지나가는 것이 다다. 별 느낌이 없고, 재미가 없다.

　가을은 이런 겉치레를 조금씩 천천히 벗어낸다. 자신을 키워주는 땅에서 영양공급을 줄인다는 신호를 보내오고, 위로 떠받치고 사는 하늘에서 충분한 따스함을 내릴 수 없다는 눈치가 전달되면, 나무는 한껏 많이 달고 살았던 나뭇잎을 떨구어내기 시작한다. 생존하기 위한 자체적 적응방법인 것이다.

더 이상 푸르름을 유지하기 어려우니 우선 이파리 색깔부터 바꾼다. 초록에서 빨강·노랑·갈색 등등 제 나름대로 품위를 지켜보려고 애써 예쁜 색으로 물들여본다. 그러다 이마저도 버티기 어려우면 잎을 하나씩 둘씩 떠나보내다가 어떤 때는 바람의 힘에 기대여 우수수 털어버린다. 그리고는 자신의 분신인 낙엽을 품에 끌어안는다. 우리들이 낙엽 밟는 소리를 느끼고 있을 때, 나무는 원래의 뿌리로 녹아 들어오는 잎새의 귀환을 슬프지만 다행이라며 받아들인다.

　이런 가을을 나는 여름보다는 좋아한다. 뽐내던 자세를 낮추어 뭔가 엿볼 수 있는 틈새를 만들어주는 것이 마음에 든다. 소슬히 휘불어 치는 가을바람에 어찌어찌 버텨보려고 비비대는 소리가 애잔하게 들리는 것이 좋다. 드넓은 포용심을 가지고 있는 쪽빛 하늘과의 조합이 일품이다. 어느 색으로 물들여진 가을 잎새라도 쪽빛배경색에는 다 잘 어울려 손색이 없으니 말이다. 게다가 드높은 하늘을 올려다보려고 떨구어진 나의 고개를 쳐들면, 나의 좁은 뱁새 가슴도 뒤로 한껏 젖힐 수 있게 되니 고맙다.

　하지만 나는 자연의 섭리에 순응하려고 아쓰는 가을모습이 안쓰럽다. 그 내면의 고통은 헤아려주지 않고 단풍감상에 감탄하며 내 뱉는 탄성소리가 간간이 귀에 거슬린다.

겨울! 내가 제일 좋아하는 계절이다. 체념하고 정리를 끝내고 당당하게 자신의 모습을 적나라하게 보여준다. 구부러진 가지, 상처난 밑둥, 꽃도 열매도 이파리까지 다 보내주고 남은 앙상한 모습, 그렇게 그대로 꾸밈없이 부끄러움 없이 서 있다. 서릿발과 눈보라에 견딜 준비가 되어있다는 강인함이 느껴진다. 이런 담백한 풍경이 참 마음에 든다. 마음이 홀가분해지고 편안해진다.

이런 풍경을 더 잘 느끼게 해주는 것은 쌩쌩 부는 겨울바람이다. 콧잔등을 새큰하게 하고 양 볼을 찬 기운으로 콕콕 찌르면서, 거추장스럽게 걸치고 있는 너 자신의 허울을 벗어 버리렴 하는 소리를 들려준다. 바람소리에 정신이 맑아진다. 몸을 움츠리며 냉철하게 자신을 돌아보게 해준다. 매서운 바람을 맞으며 앙상한 가지를 쳐다보면 엷은 미소가 지어진다.

여기다 눈이 다 덮어버리면 그 풍경은 환상적이다. 크기의 차이, 모양의 차이, 호악의 차이가 눈에 덮여 다 같아져버린다. 구별이 없고, 차별이 없고 모든 모습이 평등하게 된다. 그래서 나는 이 눈 덮인 산을 참으로, 참으로 좋아한다. 흰 눈이 깨끗하고 예뻐서가 아니다. 이 눈이 만들어낸 평등 세상이 눈부시게 아름답기 때문이다.

봄! 용기 있으면서도 온화한 계절이다. 좋다. 희망을 갖게 해주어서 더 좋다. 아직도 찬바람에 무거운 겨울옷을 입고 있는데, 산에는 연녹색의 기운이 살포시 느껴지기 시작한다. 가지 끝마다 안간힘을 쓰며 스며 나오는 봄기운이 따사롭다. 대차게 추위를 이겨냈다는 자부심을 거름삼아 더 밝고 환한 꽃 세상을 만들어 간다. 이런 분위기에 매료되어, 내 마음의 메마름도 꽃향기로 채워보며, 향기 나는 사람이 될 수도 있지 않을까 하는 희망을 가져보기도 한다. 고마운 계절이다.

흠……
내가 좋아하던 겨울이 돌아왔다. 그런데 2022년 12월 이 겨울에는 가슴이 무척이나 시리다. 흰 눈을 덮어쓴 산이 흰 상복을 입고 있는 듯이 보인다. 벌거벗은 나뭇가지는 나를 할퀼 것만 같고, 툭 불거져 나온 나무 등걸은 내 발을 걸어 넘어뜨리려고 하고 있다. 산 풍경이 온통 을씨년스럽기만 하다. 아, 비통의 계절이 되어버린 이 겨울을 죽을 때까지 매해 어찌 보낼까나!

02 "불 내뿌라!"

　내 남편과 그 친구들 이야기다. 본인들의 말대로, 의리에 목숨 거는 대구소재 모모고등학교 출신들이 그 진면목을 보여준 이야기다.

　우리 딸이 초등학생이고 아들은 유치원생이던 어느 여름, 포항으로 1박2일 바캉스를 가기로 했다. 워낙 계획을 잘 세우고 떠나야만 안심을 하는 나는 일정표를 조밀하게 짰다. 바닷가 호텔 예약도 하고, 매 끼니별 메뉴선정에다가 다음 날 경주 도투락 월드 놀이프로그램까지 꼼꼼하게 점검하였다. 콧노래를 부르며 포항으로 출발!! 정말 설레는 여행이다. 그동안 대구 근교에 당일치기로 정말 많이 돌아다녔고 온천 숙박나들이는 종종 했었지만,

포항 바닷가에서의 1박은 처음이었기 때문이다.

　제1코스는 호텔근처에서 점심을 먹고 체크인 하는 것이었다. 그런데 포항에 진입하자 남편이 친구 최사장사무실에 잠깐 들러 얼굴이라도 보고 가야겠다는 것이다. 우리의 동의는 필요 없었다. 차를 세운 곳이 이미 친구 사무실 주차장이었다. 잠깐이라던 남편은 아들이 차안에서 온 몸을 비틀고 있을 무렵 친구와 함께 나타났다. 두 분은 정말 신났다. 오랜만에 만나서인지 우리 3명의 존재도 잊은 채 그 억센 경상도 사투리로 차안이 떠나가도록 수다를 떨었다. 운전은 제대로 하고 있는 것이겠지 걱정하는 사이, 점심 먹을 식당에 도착했다고 내리란다.
　바닷가 어느 횟집이었다. 출발 전 내가 얘기한 일정을 남편은 깡그리 무시하고 있다. 무엇을 먹었는지는 전혀 생각이 나지 않는다. 다만 두 친구가 소주잔을 주고받으며 흥에 겨워 있을 때, 아들과 딸은 언제 호텔가느냐고 있는 짜증 없는 짜증 다 내며 나에게 치대던 기억밖에 없다. 아마 우리 셋은 점심을 못 먹었을 것이다. 꾸어다 놓은 보릿자루처럼 앉아 있던 나는 참다못해 우리 일정을 이야기하고 일어나야겠다고 했더니, 두 남자 분 화들짝 놀래며 좀 있으면 다른 친구가 퇴근해서 집 식구들 데리고 그

식당으로 오기로 했단다. 그리고 최사장 부인도 올 거란다. 사무실에서 이미 작당을 끝낸 터였다. 아뿔싸!! 이 무슨 황당한 상황인가!!

아이들은 이미 지칠 대로 지쳐 있었다. 아무리 떼를 쓰고 졸라도 들은 척 마는 척하는 아빠나 아저씨를 이길 수가 없어서 자포자기 상태가 되었다. 어둑어둑해질 무렵 최사장 부인이 오셨다. 연이어 손사장네 4식구도 등장했다. 그리고 저녁식사 주문을 했다. 그 모모 횟집에서 죽치고 있으며 두 번째 끼니때를 맞이한 것이다. 내 맛집 조사는 무용지물이 되었다. 고교동창생 3명은 거나하게 술에 취해 자기들끼리 좋아 죽는 분위기다. 얼마나 밉상스러웠는지 모른다.

처음 인사를 나누고 마주앉은 세 아줌마들은 어색한 대화를 꾸려가고 있었다. 다행히 두 집 딸 아들이 같은 또래라 어울려 놀기 시작했다. 파도 소리만 들리는 어둠속 바다를 응시하면서 내 속은 부글부글 끓어오르는데, 이를 자재하느라 애를 먹고 있었다. 언제·어떻게 이곳을 벗어날 수 있을까? 정상적인 두뇌 회전이 되지 않아 멍 때리고 있는데,

"뭔소리 하노! 친구 집을 두고 호텔이라니, 다 우리 집으로 가

능기다."

아! 맙소사!!! 이 또 무슨 날벼락인가!!

길을 안내해야 한다며, 최사장님은 내가 운전하는 우리 차에, 그 부인은 손사장님 차에 올랐다. 우리 애들은 호텔로 가야한다고 아우성쳤지만, 아빠와 아저씨는 귓등으로도 듣지 않는다. 나는 최사장과 남편을 길거리에 내려놓고 대구로 돌아가고 싶었다. 마음뿐이지, 실행에 옮기기에는 역부족이란 걸 안다. 아이 없이 두 내외만 거주하는 20평대 아파트에 10명이 들어서자 부인은 안절부절 하며 얼굴은 이미 흑색이었다. 아이들은 체력과 정신력이 바닥나서인지 자고 싶다고 했다. 4명의 아이들을 위해 잠자리를 마련하셨다. 그 댁의 이불·요·베개가 총동원되었다. 그리고는 이 안주인은 거실에서 다시 술판을 벌인 3명의 남성을 힐끗힐끗 쳐다보며, 냉장고 문 열고 닫기를 몇 번이나 하고, 부엌 찬장 안 이곳저곳을 수도 없이 살핀다. 아무런 사전 통고도 없이 들이닥친 8명의 불청객을 접대하려니 얼마나 난감하였을까! 무슨 말인지는 잘 들리지 않았지만, 연신 걱정 어린 투정을 하고 있다는 것은 느낄 수 있었다.

우리 여자 셋은 부엌 식탁의자에 넋 나간 사람들처럼 묵묵히 앉아 있었다. 4명의 아이들은 잠자리가 불편하다며 돌아가면서 집에 가자 호텔로 가자, 엄마들한테 와서 온갖 투정을 해댄다. 아이들보고 아빠들한테 가서 얘기하라고 해도 엄마들만 볶아친다. 화가 더 치밀어 올랐다. 술로 뭉치고 의리로 뭉친 이 경상도 사나이들을 어쩌면 좋으리까!

얼마간의 침묵이 흘렀을까? 손사장님 부인이 벌떡 일어서더니 거실로 향한다.

"당신이 서두르는 바람에 곰국 솥에 가스불 끄는 걸 깜빡하고 그냥 왔네. 애들 데리고 먼저 갈 테니 당신은 더 있다 오던지."

야.... 드디어 출구가 보인다. 그럼 나도 애들 데리고 호텔로 가면 된다. 나는 용수철처럼 튀어 일어나 거실로 갔다.

"불 내뿌라! 소방서가 와 있노?"

"……………"

유구무언은 이런 때 쓰라고 나온 사자성어인가보다. 손사장님 부인의 기발한 아이디어도 꽝이었다.

내가 내 발등을 찍은거지! 결혼 전에

"군대에서 휴가 나오면 집에 안가고 친구들부터 만난다"고 얘기했을 때, 이 남자의 가족경시 문제점을, 아니 '친구 올인' 우직함을 알아차렸어야 하는 건데... 누굴 탓하겠나, 하하하!

03 "쌀 사서 밥 묵고 사소"

　방안에 앉아서도 엄동설한임을 느낄 수 있는 어느 겨울날이었다. 풀리지 않는 글쓰기에 터질 것 같던 머리에 홀연 제정신이 들었다. 오래된 창문 틈으로 새어 들어오는 외풍에 발이 시려왔기 때문이다. 별안간 허기도 막 밀려왔다. 아침에 눈 비비며 노트북을 열어보고는 허둥허둥 빈속으로 책상에 앉은 지 몇 시간이 흘러 점심때도 훌쩍 지났다.

　일단 밥을 먹어야 글 쓸 힘이 날 거라며 의자를 밀치고 일어났다. 어젯밤에는 잠을 자야 생기가 나서 글이 술술 풀릴 거라며 의자를 밀쳤었는데.... 기지개를 크게 켜고, 늘 그랬듯이 마감시간까지는 죽이 되던 밥이 되던 원고가 마무리 될 것이라 생각하며 입가에 긍정의 미소를 지어보았다.

자주색 손뜨개 모자를 쓰고 실내복 위에 검은색 롱 패딩을 입고 털신을 신고 요깃거리 사러 나갈 차비를 마쳤다. 문득 외출하는 동안 실내 환기를 시키면 좋겠다는 생각이 들어 앞 베란다 창문을 열어 놓고 현관문을 열었다. 몸이 빠져나가기 무섭게 맞바람에 밀려서, 현관문이 순식간에 쾅하는 굉음을 내며 닫혔다. 거울바람을 뺨에 맞으니 기분이 상큼해지고 신이 났다. 현관문 안에서 무슨 일이 일어났는지 몰라서 다행이었다. 내가 좋아하는 먹거리 한두 가지 사고 군고구마는 패딩주머니에 넣어 배에 온기를 느끼며, 허기를 채울 생각에 서둘러 집으로 돌아왔다.

아니! 이게 무슨 일이지! 현관문이 빼꼼 열리다 만다. 문이 세게 닫히면서 문 안쪽 보조 고리자물쇠가 자동으로 걸려버린 것이다. 가능성 수억만 분의 일이 일어난 것이다. 악쓰며 울부짖고 싶다. 복도식 아파트의 복도가 너무 길고 춥다. 패딩주머니에는 휴대폰과 쓰고 남은 현금 몇 천원이 전부다. 동네 시장은 현금거래라서 2만원 꾸겨 넣고 나갔었다. 짜증이 득뚝 떨어지는 얼굴로 1층 경비실에 내려가니 경비아저씨가 전화번호를 하나 주신다.

전화를 걸어 내가 상황을 설명하자

"오늘은 일 안 할랍니더. 그런 건 줄톱으로 끊어야 하는데 이렇게 추운 날 돈 몇 푼 벌자꼬 그 짓 합니꺼? 딴 데 가서 자고 내일 아침에 다시 전화하소."

"사장님 갈 데가 없어요. 오늘까지 끝내야 할 일도 있어서 꼭 집에 들어가야 해요. 제발 도와주세요."

나의 통사정이 통했는지, 응답을 해 주신다.

"거가 어댑니꺼?"

"대명동 ○○아파…" 내 대답이 채 끝나기도 전에

"여기 칠성동이라 너무 멀어서 안 갈랍니더. 그 근처에서 찾으이소."

전화를 끊으셨다. 매정하게.

정말로 따뜻한 호텔방에서 먹고 자고하다 오고 싶다는 생각이 굴뚝같지만, 신용카드도 없고 손에 쥔 돈도 없다. 전화로 친구를 불러내 도움을 청할 수는 있겠으나, 그보다 신문사 칼럼 원고마감일이 오늘이다. 바로 오늘! 글도 제때 못 쓰고 늘 마감시간까지 발동동거리는 주제에 원고청탁은 왜 받았는지 원망스럽기 짝이 없다. 무조건 집에 들어 가야한다.

다시 전화번호를 눌렀다.

"와 또 전화했능교?" 전화를 받아주셔서 너무나 고마웠다.

"저희 경비아저씨께서 사장님이 최고 전문가라고 다시 사정해 보라고 하셔서요."
내 목소리는 춥고 배고픈 설움에 울먹이듯 떨렸을 것이다.
"기다리소. 빙판길에 오토바이로 가려면 40분은 족히 걸릴깁니더."
4시간도 아니고 그까짓 40분쯤이야. 희망이 보였다. 그런데 이 칼바람에 40분을 밖에서 허기와 싸워야하다니... 별안간 성냥팔이소녀가 생각났다. 왜 편의점에라도 가서 따뜻한 캔커피 하나 마실 궁리를 못했었는지는 아직도 이해가 가질 않는다. 아마 머리도 꽁꽁 얼어붙었던 모양이다.
경비아저씨께서 경비실에서 기다리라고 손짓하며 부르신다. 지은 지 30년이 넘은 아파트라 그런가보다. 경비실에는 작은 책상과 의자 하나 그리고 소형 전기난로 한 대가 전부다. 이 지극히 협소한 공간을 나와 공유하시겠다니 참으로 고마웠다.

나는 이 아파트에서 2년째 살고 있었다. 남편이 정년퇴직한 다음해 서울로 이사 가면서 나는 대구에서 정년까지 남은 5년간을 혼자 살기위해 17평 아파트를 전세로 얻었다. 직장도 가깝고 시내 중심지까지 도보로 다닐 수 있는데다 각종 부대시설이 갖추어진 대단지라서 이곳을 택했다. 남향으로 햇살도 잘 들고 무엇보다 조용해서 보자마자 계약을 했다.

나는 이 전셋집에 아들과 딸이 서울에서 원룸 살며 쓰다 남은 것들로 살림살이를 갖추어 놓았다. 방에는 침대하고 책상, 거실에는 대형 책꽂이와 소형 냉장고 그리고 접이식 테이블을 놓았다. 텔레비전도 소파도 없다. 낡은 공쿠션의자 하나가 덩그러니 자리를 차지하고 있다. 작은 방은 옷방으로 사용했다. 하지만 식탁으로 쓰고 있는 접이식 테이블위에는 커피그라인더, 커피머신, 각종 예쁜 찻잔 등 나의 커피취향을 즐길 수 있는 것들을 잘 갖추어 놓았다. 친구가 와보고는 난민처럼 살고 있다고 핀잔을 주었지만 나에게는 포근하고 안락한 보금자리였다.

경비아저씨하고 10분씩 돌아가며 난로에 몸을 녹이고 있다 보니 열쇠집 사장님이 도착하셨다. 6층에 올라와 상황을 점검하시고는, 5센티도 안 되는 틈 사이에 줄톱을 넣어 잘라야 하니 시간이 많이 걸릴 거란다. 그러니 수리비도 많이 받아야 한단다. 일단 집에 들어갈 수 만 있으면 얼마라도 괜찮다.

"네 그럼요. 힘드실 거 같아요. 얼마면 될까요?"

이 사장님은 나를 아래위로 훑어보시더니 난감하기 짝이 없는 표정을 지으신다. 누리 팅팅하고, 부스스한 쌩얼에, 털모자 쓰고, 서문시장 노점표 후들 바지를 입고, 군고구마 냄새나는 검은 봉지를 들고 있는, 이 아줌마인지 할머니인지한테 얼마나 불러야 할지 고민하면서 공연히 먼 길 왔구나 하는 기색이 역력하다. 게다가 이 단지 내에서 제일 작은 평수에 살고 있지 않은가? 고심 끝에 "3만원은 받아야하는데 할랑교?" 하신다. 예상보다 싼 금액이다. 내 몰골을 감안해서 한껏 낮추어 부르셨나보다. 황공해서, 흔쾌히 부탁드렸다.

 고강도 힘든 일이었다. 복도를 관통해서 부는 바람은 정말 매서웠다. 고등학교 때인가 배운 베르누이의 법칙이 떠올랐다. 바깥보다 훨씬 더 바람이 세서 덜덜 떨고 있는 내 자신이 한없이 가여웠다. 그리고 오토바이로 바람 가르며 와 주신 그 사장님도 고맙기도 하면서 안쓰러워 보이기도 했다. 정말 돈도 많이 요구하기 힘든 일감을 만나셨으니....

 드디어 고리가 잘라졌다. "감사합니다. 정말 감사합니다!"를 연발하며 집에 뛰어 들어가 베란다 창문을 닫으러 쫓아갔다. 이럴 수가! 설상가상이라더니! 맞바람에 베란다 새시 오른쪽 위가 튕겨 나와 닫히지가 않는다. 돈 받으시려고 집에 들어오신 사장님은 거실과 주방을 이리저리 살피며 고개를 갸우뚱거리시고 계셨다. 이 이상한 살림살이 조합이 뭔지 알아내시려고 노력하는 중이다

"사장님 새시가 안 움직여요. 이것도 좀 봐 주세요."
나의 이 주문에 기분이 상하셨는지, 열쇠기술자라 새시는 모를 뿐만 아니라, 키가 작아서 위에는 손도 안 닿으신다며 돈이나 빨리 달라 재촉하신다. 그러시다가 별안간 뭔가 알아내셨다는 듯이 '혼자 사는 커피장사구만' 하고 중얼거리신다.

내가 추위와 허기에 지쳐서 엉뚱한 헛소리를 들었나보다 하고 어정쩡하게 서 있는데,

"근데 커피장사 하는데 한문을? 어 한자가 아닌가? (간체자라 혼동스러우셨다) 아 영어도 있구만. 무슨 커피를 팔길래 이런 책을 봐야 하능교? 어디서 장사하는디?"
질문이 마구 쏟아져 나왔다. 나는 사장님의 이런 말들이 너무나도 정겹게 다가왔다. 따스한 관심과 생각지도 못한 상황판단에 웃음이 나왔다.

"네 혼자 살아서 사장님이 새시를 고쳐주시고 가야해요. 수고비도 더 드릴께요."

"그랍시다."

사장님도 아리까리하고 초라한 내 살림살이 조합을 보며 마음이 좀 녹으신 것 같다.

난감한 일은 계속 되었다. 내 집에 밟고 올라 갈 물건이라고는 원통나무의자 두 개가 다였다. 사장님은 이거 두 개 쌓고 올라갔다 나자빠지면 책임질랑교 하며 식탁을 사용하자고 제안하셨다. 내가 제일 애지중지하는 식탁 위 물건들을 다 내려 놓고 접어서 베란다로 옮겨 설치하였다. 하지만 플라스틱이라 올라가면 부서질 수 있었다. 밑에 원통의자 두 개를 나란히 괴고 그 위에 이불을 깔아 높이를 맞추어서 고정시켜 겨우 작업을 할 수 있게 되었다. 사장님은 그 위에 올라가셨다. 나는 더 이상 배고픔을 견딜 수 없어서

"사장님 저 너무 배가 고파서 고구마 좀 먹을께요. 두 개니까 하나는 사장님 드리구요."

겨우 허기를 달랬다.

이제 현관문도 열었고 창문도 닫고 고구마도 먹고 나니 기분이 날아갈 것 같았다.

"더 드려야 하는데 5만원 만 드릴께요."

하고 내미니, 2만원을 돌려주신다.

"식탁 몇 푼 한다고 이리 사능교...."

측은지심이 발동하셨다. 아주 동정어린 눈빛으로 나를 바라보신다.

"5만원도 오늘 해주신 일에 비하면 적게 드리는 거니 그냥 받으세요."

하며 도로 건네니 만 원짜리 한 장을 식탁위에 놓으시며

"고구마가 근기가 있나? 쌀사서 밥 먹고 사소."

아!.......

1층까지 따라가서 만원과 군고구마 하나를 오토바이 앞바구니에 얹어 드렸다. 이렇게 불우이웃(?)인 나를 배려하시는 칠성동 열쇠집 사장님이 무척이나 훈훈하게 느껴졌다. 그 후에도 종종 군고구마와 직접 내린 풍미 깊은 커피를 그 식탁에서 즐겼다. 그리고 바람 부는 추운 겨울날이면 그 칠성동 사장님 말대로 식탁하나 새로 사고 고구마 대신 밥을 먹어야하나 하면서 피식 웃곤 하였다.

04 외할머니 등장의 의미

    딸과 사위가 모두 퇴근이 늦는다며 도우미아줌마 퇴근 후에 외손녀 좀 봐달라는 연락이 왔다. 귀요미하고 놀 생각에 기분이 들떴다. 이왕이면 어린이집에서 하원할 때 내가 데리러 가야지 하면서 서둘러 집을 나섰다. 교실 문이 열리고 아이들이 하나둘 나오길래 까치발을 하고 살피며 다가가고 있었다. '아 저기' 하며 손을 흔드는 순간, 귀요미가 복도바닥에 드러눕는다. 애가 넘어졌나 싶어 급히 달려가 일으키려 하니,

    "할머니 가~~~ 할머니 가~~~"

하며 엉엉 우는 것이 아닌가. 이런 민망한 상황이 또 있으랴!

    "어 알았어, 어디 아파? 할머니가 너하고 놀고 싶어서 왔는데

~~"

달래면 달랠수록 할머니 필요 없으니 가라는 외침은 더 커져만 갔다. 같은 반 옆 반 어린이들과 학부모들이 모두 우리 조손을 번갈아보며 지나간다. 담임선생님도 나오셨다. 할머니가 어떻게 하길 래 아이가 저토록 거부하는가 하는 표정들이 읽힌다. 민망함을 넘어서 절망하고 있을 때, '도우미이모'가 다가가 달래서 잠바를 잎혀 업고 일어섰다. 둘이 같이 데리러 간 게 천만다행이었다.

외할머니의 등장을 달갑지 않게 표현한 적은, 물론 그날이 처음은 아니었다. 5살 그러니까 만 4세가 지나면서였다고 기억한다. 오후 늦은 시간 현관에 들어서면 실망 가득한 얼굴로 화를 내면서 거실이나 자기 방으로 들어가 버린다. 그 시간에 외할머니가 오는 건 엄마 아빠가 늦기 때문이라는 것을 알게 된 것이다. 아니 그게 아니고 외할머니가 오기 때문에 엄마 아빠가 늦는다고 판단하기 때문인 것이다. '띡·띡·띡' 현관문 비밀번호 누르는 소리에 엄마인가? 아빠인가? 하며 달려 나와 보니 보고픈 부모는 안 나타나고 외할머니가 온 것이다.

또 나타났네! 정말 얄미운 사람이야! 속이 상할 수밖에 없다.

어린 아이 입장에서 보면.

　이런 상황을 내가 당하기 전에 주위에서 들어본 적이 있었다. 딸집에 애 봐주러 들어서니 아이가 자기신발 들고 먼저 현관문 앞에 가서 앉아 있다느니, 대문에 들어서지도 못하게 한다느니. 친구들이 친정 엄마가 뭔 죄라고 대접도 못 받고 힘든 육아를 해야 하는지 모르겠다며 하소연을 늘어놓곤 했었다. 그때는 내 일이 아니라 크게 와 닿지 않아서인지 우스갯소리로 들렸었.

　그런데 막상 내가 그 상황에 처하니 귀요미의 심정을 이해하면서도 조금은 서운하기도 하고 당황스럽기도 했다. 하지만 어쩌겠는가? 외손녀 비위를 더 맞추어서 엄마 기다리는 마음을 잊도록 재미있게 해주어하지 않겠는가? 그래야 야근하는 딸 마음도 덜 아프지 않겠는가? 서운한 마음은 일시에 사라지고 딸과 외손녀에 대한 안쓰러운 마음이 가득 차오른다. 물론, 대부분 먼저 퇴근하는 사위도 안쓰럽다. 엄마 기다리겠다고 안 자려고 잠투정하는 귀요미를 달래며 재워야 하니.

　내 당번 임무를 마치고 집으로 돌아오는 길은 늘 마음이 무겁다. 우리 집에 같이 살면서 돌봐주고 싶은 심정이 굴뚝같다.

　6살이 되면서 외할머니의 출현에 대한 반감표현이 조금씩 부드러워져 갔다. 나는 맛있는 초코케익·꿀떡과 애플망고를 들고 갖은 애교를 떨며 현관문을 들어섰다. 귀요미가 옆 눈으로 흘겨 보고는 자기 방으로 들어가 버린다. 고맙기도 하여라. 가라는 소리도 안하고 밉다는 소리도 안하고 일단 입장을 허락해 주었으니 참말로 고맙다. 나 혼자 거실에서 큰소리로 재미있게 인형놀이를 한다. 귀요미한테 들리게.

"엘사언니 나하고 놀아줘~~~ 우리 눈사람 만들까?"
귀요미가 좋아하는 겨울왕국의 안나 역할극을 하며 혼자 흥을 돋구다보면, 언제 나왔는지 내 주위를 맴돌고 있다. 슬그머니 귀요미는 겨울왕국의 엘사가 부른 노래를 흥얼거린다. 우리 둘은 겨울왕국 뮤지컬을 마치고, 동화책 읽기도 하고 인형옷 갈아입히기도 하며, 하하호호 재미있게 저녁시간을 보낸다.

나이 한살 더 먹더니, 우리 귀요미가 외할머니하고 노는 것이 도우미이모하고 보다는 낫다고 생각하는 듯했다. 외할머니는 전적으로 함께 놀아주니까, 엄마 아빠 올 때까지 대용품이긴 하지만 그래도 든든하다고 느끼는 모양이다. 그보다도 나로 인하여 엄마 아빠의 퇴근이 늦는 것이 아니라는 것을 알기 시작하여 약간 우호적으로 바뀌기 시작한 것이다.

사위는 이런 아이의 마음을 잘 알기에 피치 못할 경우에만 저녁에 일정을 잡는 것 같다. 그래도 수시로 잠든 후에 귀가하는 엄마를 기다리는 일은 아이에게는 견디기 어려운 일일 것이다. 하지만, 나를 제일 힘들게 하는 것은, 회사이름만 대면 이구동성으로 연봉은 높지만 업무량 장난이 아니라고 소문난 회사에서, 귀요미가 기다림에 지쳐가는 것을 알면서도 새벽까지 근무하는 딸의 심리적 부담과 건강을 걱정하는 일이다.

돌이켜보면, 나도 출근길 그리고 퇴근 후 생활이 쉽지는 않았었다. 딸은 6살 될 때까지 아침마다 학교가지 말라고 울었고 퇴근 후에는 내 한쪽 다리에 매미같이 붙어 다녔다. 화장실도 같이 들어갔다. 같이 놀게 동생을 낳아 달라고 떼를 쓰더니 5살 터울로 동생이 생기니 또 트집을 잡았다. 이렇게 작은 애하고 어떻게 노느냐며 샘을 못 이겨 동생 필요 없다고 짜증을 자주 내며 야위어갔다. 그래도 동생이 있어서 그런지 아침에 우는 것은 참고 견뎠다. 아니 아기가 울어대니 같이 울 수는 없었을 것이다.

아들도 출근 준비하는 것을 눈치채기만하면 울어댔다. 한번은 출근 복장에 하이힐을 신고, 아이를 업고 계단을 내려오다 실족하여 구른 적도 있다. 나같이 야근도 없고 일 년에 방학이 5개월이나 되는 엄마인데도 아이 둘은 엄마의 부재를 못 건뎌서 울고

불고 했었다.

외손녀는 오죽 하랴! 언니 오빠도 그리고 동생도 없이 혼자이니, 외롭지. 게다가, 우리 귀요미는 무척 영민하고, 감수성이 강하고, 내성적이다. 엄마 언제 오느냐? 왜 늦느냐?고 따지거나 울거나 하지도 않는다. 혼자 방에 들어가 부화를 삼키며, 몰래 눈물을 주르르 흘리곤 한다. 이렇게 속으로 삭이는 모습을 보면, 참으로 측은하기 그지없다.

나하고 놀다가, 귀요미가 현관에 들어서는 제 엄마에 대해 보이는 반응을 보면, 눈물이 핑 돈다. 날아갈 듯 춤추며 매달려 비비고 비명 지르고 난리도 아니다. 나는 귀요미가 지 엄마한테 울고불고 화도 내고 해서 스트레스를 쏟아내면 좋겠다는 생각도 든다. 정말 그러면 늘 수면 부족에 눈밑 다크서클이 사라질 날이 없는 내 딸이 또 더 안쓰럽겠지만...

우리나라 나이로 일곱 살이 되더니 식견이 꽉 들어찼다. 이제 겨우 5년 반밖에 세상 경험을 하지 않았는데도. 외할머니 출현은 부득이 한 상황에서 발생하며 그 상황이 그렇게 나쁜 것만은 아니라고 파악한 것이다. 아빠 엄마의 대용품으로도 필요하고 이제는 저와 놀아줄 상대로도 꼭 필요해졌다. 귀요미 스스로 필요한 날을 정해서 외할머니를 청한다. 목요일은 유치원 방과 후 수업이 없어 다른 날보다 집에 일찍 온다며 하원시간에 맞추어 나를 오란다. 영광스러운 초청이다. 부모의 귀가와 상관없이 나를 보고 싶어 하는 것이 고마워서 목요일 오후 일정은 무조건 비워둔다.

그 뿐이랴, 둘이 놀고 있는데 제 아빠나 엄마가 귀가해도 빨리 가라고 눈치 주지 않는다. 나에 대한 귀요미의 호의는 일취월장이다. 사위가 학회출장을 갈 때면 내가 늘 귀요미 집에 가서 잔다. 한번은 사위가 출장 갈 거라고 하니 귀요미가 "오! 예!"하며 환성을 질렀단다. 의외의 반응에,

"아빠는 섭섭한데 넌 뭐가 좋아?"하니.

"할머니하고 많이 놀겠네."하더라나.

이 희소식을 전달받고, 나도 "오! 예!" 기쁨의 탄성을 질렀다.

사위가 출장간 날 오후 나는 발걸음도 가볍게 귀요미 집으로 향했다. 밤이 되어 잠자리를 준비하고 있는데, 귀요미가 살그머니 내 방으로 들어오더니, 아주 친근한 목소리로 속삭인다.

"할머니 내일도 꼭 와. 아빠가 두 밤 더 자야 오거든."

나는 너무 감동해서,

"오케이. 그러고 말고."하며 새끼 손가락 걸고, 엄지 도장 찍고

다 했다.

고맙다. 이제 외할머니의 등장도 더 이상 거부하지 않고, 밝고 명랑하고 아주 똑똑하게 잘 자라주어 정말 고맙다.

"오! 예~~~~~, 얼씨구 좋다."

05 2.5세~3.5세

귀염둥이 손자이야기다. 세 돌이 지나면서 말도 자유자재로 하고 행동도 균형이 잡히고 사고력과 기억력도 어른 못지않은 수준으로 발달하였다. 즉 이 세돌 전후 1년간이 인생에서 가장 급격한 성장을 가져오고 그 이후는 이를 다듬어가는 과정인 것 같다. 그래서 옛 어른들이 '세 살 버릇 여든까지 간다.'라는 속담을 만드셨나보다.

코로나 19가 팬데믹 상태가 되었다. 그 중 경제대국이라고 뽐내던 미국의 확진자와 사망자 수가 세계 1위로 치닫고 있다. 우리나라는 상대적으로 상황이 괜찮은 편이었다. 2020년 3월 중순 미국의 상황이 더욱 긴박해지자, 나와 아들은 미국에 있는 손자 엑소더스를 감행하였다. 국적기는 한 달 이내 이코노미 전좌석이 매진되었고, 한 두 좌석 남아있는 비즈니스는 전액을 주어야 사는 실정이었다. 마일리지로 가능한 2주후 날짜에 우선 예약해 놓고, 둘이 각자 1주일 내에 출발 가능한 모든 항공사를 정신없이 검색하였다.

"오! 예!"

아들이 유나이티드항공에서 12시간 후 시카고를 거쳐 인천으로 오는 항공편 여석을 발견하자마자 재빨리 결재까지 마쳤다며 환호를 지른다. 버팔로-시카고-인천행 항공권 획득! 버팔로 식구들과 의논할 여유도 없었다. 바로 결제 안하면 이 자리도 날라갈 판이었기 때문이다. 아마 보진 않았어도 현지에서 얼마나 급박하게 짐을 꾸려 공항으로 향했을지 눈에 선하다. 더 기가 막힌 것은 시카고에서 국제선 환승시간이 40분밖에 안되어 국내선이 제시간에 뜨지 않거나 환승게이트가 멀면 국제선 탑승이 어려울 수도 있다는 것이었다.

하지만 우리의 대탈출 작전은 성공하였다. 손자는 외할아버지·외할머니와 함께 인천 공항에 무사히 도착하였다. 아들이 손자를 데리고 집에 들어서자 나는 '감사합니다, 감사합니다!'를 연발하였다. 이제 안심이다! 휴우!

이리하여 손자 육아가 시작되었다. 7월생이니 이때가 2.5세가 막 지난 때이다. 할머니를 '함무나'라고 부르고 할아버지는 '하바'다. 물론 아빠는 정확히 발음하지만, 영어와 한국어 단어를 제멋대로 섞어서 사용하고 있어 바짝 긴장하고 대화를 해야 한다. 그런데 무슨 단어를 어찌 발음하던 너무 귀엽다. 마냥 신통하고 기특하기만 하다.

하루는 내손을 잡아끌고 방문 앞에 세우더니 손가락 동작을 하면서 말을 하는데 도무지 알아들을 수가 없다. 저 혼자 거실로 막 뛰어가다 우두커니 서 있는 나를 돌아보고는 막 짜증을 낸다. 이를 어쩌면 좋은가! 내 귀에 들리는 대로 전화로 아들에게 물어보니 한 다리 건너 듣는 거라 그런지 더 버벅거린다. 우리의 합동 관찰 끝에 알아낸 것은 'yellow stop, red stop, green go'이었다. (이 글에 손자의 멋진 원어민 발음을 담을 수가 없어서 참 아쉽다.) 미국 데이케어에서 하던 신호등 놀이이었던 것이다. 'green go'하면 가야하는데 서있고, 가다가 'yellow stop'하는데도 걸어갔으니 손자가 보기에 얼마나 한심했겠는가.

4월・5월 화창한 날씨에 꽃들이 한창이지간 코로나 19가 점점 더 심하여 놀이공원도 못 데려가고 문 밖만 나서도 늘 마스크를 써야하는 잔인한 봄을 보내고 있다. 그래도 손자는 건강하게 잘 자라준다. 밥도 잘 먹고 단어가 문장으로 발전하고 기발한 단어를 사용하여 어른들을 자주 놀래켜 주곤 한다. 우리 가족은 손자 덕분에 솟아나는 엔돌핀에 한없이 즐겁고 행복하다. 특히 남편은 손주 재롱에 하루 종일 싱글벙글이다.

 나는 안아주는 것이 힘들어서 주로 업어주었더니, 내 등이 편한지 졸리거나 놀다 지치면 슬그머니 등에 매달려 '둥게둥게' 하라고 한다. 갈수록 무게감이 강해지고 손자 발이 내 허벅지 밑까지 내려왔다. 얼마나 고마운지 모른다. 쑥쑥 자라주어 고맙다는 생각에 내 체중 빠지고 얼굴에 주름이 늘어 호호 할머니가 되어가는 것도 몰랐다. 아들이

 "엄마는 아동 '확대범'이에요."

라고 하며, 부쩍 큰 손자를 번쩍 들어 올리는 것을 보며 마냥 뿌듯해 했다.

 6월 손자는 제 엄마를 맞이하였다. 공부마치고 귀국하여 2주간 격리 후 나타난 엄마가 대문에 들어서자 손자는 할머니 내 등 뒤로 숨는 것이 아닌가. 엄마를 알아보지 못해서가 아니라, 시카

고 공항에서 제대로 작별인사도 나눌 사이 없이 비행기에 탑승시키고 떠난 엄마에 대한 서운함 때문일 거라고 나는 짐작하였다. 그렇게 좋아하던 막대사탕을 제 엄마가 내밀어도 손사래를 치며 받지 않고, 다가올라치면 일정한 간격을 두며 뒷걸음질을 친다.

얼마나 지났을까? 할머니 옷자락 붙잡고 어색하게 앉아있던 손자가 제 엄마한테 우리를 소개하기 시작한다. 여기는 할머니고, 저기는 할아버지고 그리고 여기는 할머니방이고 여기는 내 방이라며 마치 주인이 손님 접대하듯 안내를 한다. 발음도 또박또박하고 행동도 절도 있게... 우리 손자 완전 대박!

7월 손자 세돌 날 보러갔다. 3주 만인데 3년만인 것 같다. 너무 보고 싶어서 눈에 진물이 날 지경이었다. 그동안 한국어가 많이 늘어 복잡한 표현을 자유자재로 한다. 애 혹시 언어천재 아닌가 할 정도다. 나의 이런 표현에 아들 내외는 어이없다는 반응이다.

"떼도 쓰지 않고 울고 보채지도 않네. 신통방통해요."

하며 엉덩이를 두드려주니, 할머니는 무조건 다 들어주는데 울 일이 어디 있냐고 반문한다. 나의 손자 사랑법이 좀 과하다는 삐딱한 표정이 읽힌다. 그래도 '이러다 내가 애 교육 잘 못시키는 거 아니야?'라는 걱정은 억겁찰나에 스쳐지나가 버리고 만다. 해

달라는 대로 다 해주리라...

그러던 어느 날 아들이 키득키득 거리며 전화를 했다. 어린이집 선생님이 반찬을 골고루 먹어야한다고 얘기하니, 우리 손자가
"어린이 집에서는 골고루 먹는데, 집에서는 골고루 안 먹어도 된다"고 대답했단다. 선생님이 이유를 물으니
"할머니가 먹고 싶은 것만 많이 먹으면 된다고 했어요"
라 했다며 연락이 왔다나. 하하하! 내가 그랬다. 그런데 이렇게 인용할 줄은 정말 의외다. 역시 기억력 좋고 응용력 뛰어난 녀석이라니까!

한순간, 손자가 편식아동이 되면 어쩌나하는 생각도 들었다. 하지만 제 부모가 알아서 골고루 먹이며 키우겠지 하며, 내가 어쩌다 먹이는 식사는 손자 뜻대로 '예, 드셔만 주시옵소서.'이다. 손자가 선택해줄만한 먹거리를 다양하게 준비하고는, 입맛 따라 이것 권하고 저것 권하느라 바쁘다. 그래서 나는 '뷔페할머니'라는 별명을 얻었다.

세 돌 이후 몇 개월간은 뇌의 용량이 무한정으로 확대되는 시기인 것 같다. 여러 종류의 수많은 자동차의 이름을 다 기억한다. '빠방'이 자동차·트럭·중장비 등등으로 세분화 되더니, 자

동차도 수십 가지 명칭으로 부른다. 그뿐이랴. 트럭도 종류가 이렇게 많다니. '100가지 트럭'이라는 영어책에서 손가락으로 찍어 한국말로 뭐라고 하느냐고 물으면 휴대폰 사전에서 검색하느라 진땀을 빼곤 한다. 듣느니 처음인 이름들이다. 하지만 손자는 그 자리에서 머리에 입력하고 술술 읊어 댄다.

내가 한두 달의 학습을 거쳐, 자동차에서 한숨 좀 돌리게 될 무렵, 손자의 관심은 공룡과 바다 동물로 옮겨갔다. 육식공룡·초식공룡·잡식공룡의 이름을 열거하며 각각의 특징도 다 알려준다. 나도 열심히 외우고 있지만 따라갈 수가 없다. 게다가 공룡의 연대기도 알아야지, 공룡이름의 배경도 이해해야지, 멸종 관련 내용도 기억해야지, 지구의 탄생과 지진대에 대해서도 세계지도를 보며 파악해야 한다. 이런 것들을 알아야 손자와 대화가 되는데, 나의 두뇌는 용량 부족인지 잘 입력이 되지 않는다. 가끔 "할머니 공부 좀 해."하며 책을 건네줄 때면, 왜 그렇게 귀여운지!

공룡놀이도 해야 한다. 저는 티라노보다 더 힘센 스테고사우르스이고, 난 브라키오사우루스 같은 약한 공룡 하라고 하면서 나를 무참히 제압한다. 씩씩한 손자한테 맥없이 당하는 할머니다. 그래도 내 팔짱을 꽉 끼며

"괴물이나 유령이 나오면 내가 할머니 지켜줄께~~"
하는 말에 나는 몹시도 감동한다.

바다 동물도 아마존·태평양·대서양 등 세계 바다를 지역별 깊이별로 나누어 생존하는 물고기들을 이해하고 있다. 이런 팔불출 할머니 소리해도 되나 모르겠지만, 내 눈에는 내 손자가 영재급이다.

그리고 상대방의 기분도 헤아려서 얘기할 줄 안다.

"어린이집 여자 친구보다 엄마가 진짜 더 예뻐?"

"아니 여자 친구가 더 예뻐."

"그런데 왜 엄마한테는 엄마가 더 예쁘다 했어?"

"응~~, 엄마가 슬퍼할까봐."

이렇게 엄청난 신체적·지능적·감정적 진화가 1년 만에 일어난 것이다. 정말로 2.5세에서 3.5세는 인생에서 가장 멋진 시기이다.

06 말이 씨가 되더라

 나는 '말이 씨가 된다'는 속담을 철석같이 믿고 있다. 그래서 가족들에게 불길한 말이나 부정적인 말은 하지 말라고 신신당부하곤 한다. 아마 평생 후회할 말실수를 한 번도 아니고 두 번이나 해서 생긴 트라우마가 아닐까 한다. 나의 할머니와 나의 시어머니한테 저지른 것이다. 1968년과 2004년의 이야기로 반 백 년에서 몇 십 년이나 지났는데도 생각만 하면, 명치 밑에서 아리고 시린 기운이 치받쳐 올라온다.

 나의 할머니는 목소리 한번 크게 내시지 않는 조용하시고 인자하신 분으로 기억된다. 할머니 돌아가실 때까지 우리는 둘도 없는 단짝이었다. 할머니는 나의 든든한 보호막이자 나의 포근한 안식처였다. 나는 할머니가 작고하실 때 연세보다도 더 나이든 지금도, 할머니가 몹시 그립다.

내가 세 살이 되던 해 동생이 태어나자, 부모님은 나를 시골에 사시는 할머니 댁으로 보내셨단다. 할머니는 모든 것을 오냐오냐하시며 나를 아주 버릇없는 아이로 키우셨다. 나는 온 동네 사람, 어른이고 아이고 할 것 없이, 아무한테나 욕을 해대는 욕쟁이였단다. 할아버지는 동네에서 무섭기로 소문난 어른이셨음에도 불구하고, 내가 해대는 온갖 욕을 헛웃음으로 받아넘기실 만큼 나를 애지중지하셨단다.

할아버지가 돌아가시고 6살이 되던 해 나는 할머니 손을 잡고 상경하여 아버지·어머니·남동생 둘과 살게 되었다. 처음 몇 년 적응기간 동안 나에게 할머니가 안 계셨으면 난 버티지 못했을 것이다. 제 멋대로 자란 나에게 엄격한 어머니로부터 하달되는 명령은 수용하기도 실천하기도 어려웠을 테니까. 착하고 말 잘 듣는 딸이어야 한다. 시험도 100점만 받아야하는 우등생이어야 한다. 할머니는 나를 어머니의 호통으로부터 지켜주시려고, 항상 나를 그림자처럼 따라 다니셨다. 다행히도 적응을 빨리 잘 해서 공부 잘하고 예의바른 딸로 자랐다.

나는 할머니와 같은 방을 썼다. 잠자리에 들기 전에 챙겨놓으셨던 사탕이나 과자를 나한테만 주셨다. 공부하기 싫다고 하면 조용히 둘이 화투도 쳤다. 한 이불 덮고 꼭 붙어서 잤다. 하교길 목에는 늘 할머니가 기다리고 계셨다. 가방도 들어주시고 간식도 사주시고 온갖 이야기를 다 들어주셨다. 성적표를 잘 못 받아 걱정하는 날에는, 할머니가 내 곁을 떠나지 않으셨다. 성적표를 어머니한테 내어놓는 자리, 특히 성적이 떨어진 날에는 반드시 동석하셨다. 어머니가 야단치려는 기색이 보이면, 내가 밤에 놀자고 해서 그런 거니 이해하렴 하시며 나를 당신 뒤로 밀어내시곤 하셨다.

이렇게 아낌없이 주는 나무이신 할머니와 어느 날 밤에 두런두런 나눈 대화 내용이다.

"나는 고기를 싫어하니 겨울에 죽을 거야."

"그런데 할머니 꼭 방학 때 죽어야 돼, 나 개근상 받아야 하니까."

"그럼 그래야지."

나를 무척이나 사랑하신 할머니는 내가 중학교 1학년이던 여름방학에 돌아가셨다. 그렇게도 철없는 손녀의 말을 섭섭해 하시지도 않으시고, 정말 방학에 돌아가신 것이다. 할머니는 편찮

으시지도 않으셨다. 당일 고모가 오셨다. 밤에 셋이 나란이 누워 이야기를 나누는데, 별안간 팔을 허우적거리셨다. 고모가 놀라 나를 내보내시고 아버지를 부르셨다. 그날 밤 조용히 편안하게 고통하나 없이 눈을 감으셨단다. 할머니의 주검 앞에서 내가 뱉어놓은 위의 문장이 번개처럼 뇌리에 스쳤다.

나 때문에 돌아가셨다. 내가 죽지 말라고 말리지도 않고 방학 때 죽으라고 해서 시간을 앞당겨 일찍 돌아가신 것이다. 겨울도 한참 남은 여름에 손녀 결석시키지 않게 하시려고 여름방학에 돌아가신 것이다. 너무 죄송스럽고 후회스러워서 통곡을 해도 해도 그 말을 되돌릴 수는 없었다. 죄스러움에 나는 거의 실신상태이었다. 그래서인지, 아버지께서는 나를 장지에 데려가시지 않으셨다.

같은 실수를 어른이 되어서도 저질렀다. 시어머니와의 이야기다. 시어머니는 아들 밖에 모르는 남존여비 사상으로 똘똘 뭉치신 분이셨다. 큰아들이 제일 중요하고 그 다음이 작은 아들이고, 딸들은 '우에 것들'이라고 부르셨다. 나는 이 경상도 사투리 표현을 알아듣지 못하다가, 나중에 '괄호 밖 즉 열외의 자식들'이라는 의미인 것을 알고 내심 무척 화가 났었다. 내색을 하지는 않았지만. 그래도 3명의 손아래 시누이들이 어머니한테 잘 하는 것을 보고는 참 대단하다고 생각했었다.

이렇게 아들만 좋아하시는 시어머니는 딸 하나인 우리 집이 걱정이 되셨다. 우리 딸이 앉아 있는 자리에서도

"너그는 자식이 없어서 우야노, 참말로 자식을 안 낳을 기가?" 하면서 한숨을 쉬곤 하셨다. 우리 딸의 감정은 전혀 헤아려주지 않으셨다. 딸아이가 6살이 되던 2월 아들을 낳았다. 시어머니는 당신 짐을 꾸려 큰댁에서 우리 집으로 살러 오셨다. 돌 지난 딸을 미국에서 데려와 가사도우미한테 맡기고 출근할 때도, 일이 있어 퇴근이 늦을 때도, 한 번도 손녀를 봐주시지 않으셨던 분이, 손자를 어찌 남의 손에만 맡기겠냐며 단숨에 달려오셨다. 남아선호사상의 끝판 여왕이셨다.

하지만 나와 시어머니의 관계는 아주 좋았다. 살림에 간섭하시는 일도 별로 없으시고, 당신이 좋아하는 음식 해드리면 맛있게 드셔주시고, 비싸지 않은 옷을 사드려도 진심으로 고마워하셨다. 남에게 베풀 줄도 아시는 넉넉하신 분이셨다. 연세가 80대가 되시면서 치매기가 생기시더니, 86세에는 오른쪽 대퇴부가 골절되었다. 당뇨가 있으셔서 어렵게 수술을 마치고 2년간의 재활로 간신히 걸음마를 하시게 될 무렵 다시 왼쪽 대퇴부 골절을

당하셨다. 2번째 수술 후에는 거의 침대에서 생활하게 되면서 치매는 악화되고 기력은 빠르게 쇠약해지셨다. 가족들도 알아보지 못하시고 아들보고는 오라버니라고 부르셨다. 남편이 외삼촌을 많이 닮았단다. 그럼에도 둘째며느리인 나만은 반드시 알아보셨다. 엷은 미소를 띠며

"o아 에미가?(엄마냐)"하고 불러 주셨다.

시어머니 90세 때의 일화가 생각난다. 기억력 좀 증진시키려고 어머니 이름이 뭐냐? 자식이 몇이냐? 아들 이름이 뭐냐? 등등의 질문을 해댔다.

"자식은 둘이 아니고 여섯이에요."하면

"내가 그만큼이나 낳았나?"하신다.

치매 기억속에서도 자식은 아들뿐이신가 보다. 아들이름 질문에는 어김없이 제일 귀한 장손자 이름을 대셨다. 그건 아들이 아니고 손자라고하면 그러냐하시며 웃기도 하셨다.

그런데 어느 날인가 어머니 몇 살이냐고 물으니 얼굴이 어두워지셨다. 몇 번이나 물어도 묵묵부답이길래 안 들리시는 줄 알고 큰소리로 물으니 80이라신다. 내가 크게 웃으며

"아니 90이에요."하니 얼굴이 울그락불그락해지신다.

다시 "90이라구요, 90이요." 했더니, 버럭 화를 내시며

"내 이제 죽을 때가 됐다는 말이제."하셨다.

그런 때는 잠시 정상이셨다.

"이제 보니 어머니 머리 좋으시네, 100까지 사시겠어요."
라고 해드리니 얼굴표정이 다시 돌아오셨다. 나이 들면 죽어야지 하는 말이 3대 거짓말이라더니 딱 맞는 말이다.

'나이에 장사 없다'고 한해 다르게 더 쇠약해지셨다. 92세 가을 어머니는 감기가 악화되어 폐렴이 되셨다. 병원에서는 가망이 없다며 이제 준비하는 게 좋겠단다. 눈앞이 캄캄했다. 시숙도 오래 사신 거라며 담담해 하셨다. 그러나 어머니를 돌아가시게 할 수는 없었다. 남편이 국내에 없었다. 학생해외연수 인솔 교수로 한 학기동안 베이징에 가 있어서 12월말이나 되어야 귀국한다.

시어머니 봉양한다며 모시다가 아들 임종도 못하게 할 수는 없는 것이다. 주치의한테는 알부민도 좋고 뭐든지 맞혀 달라고 부탁했다. 그리고 안 되는 일인 줄 알면서 내 개인 처방을 시도하기로 했다. 중국에서 비상약으로 사용하는 사향우황청심환을 먹여보기로 한 것이다. 출근 전에 병원에 들러 1/3을 녹여서 먹여드리고, 시누이한테 점심에 1/3을 드려달라고 부탁했다. 그리고 퇴근하고 저녁에 나머지를 먹였다. 아흐-! 그 약 덕분이었을까? 아님 어머님의 생존력 때문이었을까? 다음날 오후 어머니는

의식이 돌아오셨다. 내가 어머니하고 부르니 여느 때처럼

"0아 에미가?"하시는 것이 아닌가!!

"어머니 지금 죽으면 안 되요."

"와?"

"아들도 외국가고 없는데 죽으면 어떻게 해요?"

"니가 죽지 말라면 나는 못 죽는 데이, 그럼 언제 죽으면 되노?"

다정하고 편안한 목소리로 물으신다. 갑자기 말문이 막혔다. 잠시 시간이 흐르자 미소를 머금고 내게 재차 물으셨다.

"아무튼 지금은 안 되고 봄에요, 봄 어때요?"

"오야 오야!"

어머니는 청심환 한 알을 몰래 더 드시고 더 살아야한다는 며느리 말에 힘을 내서서 퇴원하셨다. 의사로부터 불사조라는 말을 들으시면서.

그리고 다음해 오월 화창한 봄날에 세상을 떠나셨다. 말이 씨가 된 두 번째 사건이다. 2주 후가 시어머니 기일이다. 또 죄송하다.

이런 말실수를 하고도 나는 나이가 들면서 뻔뻔해졌다. 두 분이 나를 무척이나 아껴주셔서 이런 일이 일어난 것이라고, 그러니 두 분의 사랑에 감사하면 된다고 하며, 이제 그 잘못을 덮어버

리려고 한다.

꼰대 수성

3장 **꼰대의 중국이야기**

01 상전벽해 핑구(平谷)현

 2014년 여름방학, 정말 오랜만에 자유로운 베이징 나들이를 하게 되었다. 수년 동안 이런 저런 보직을 맡으면서 중국도 공무 출장으로만 드나들었었다. 나이도 들고 일에서 도망치고도 싶어서 보직을 그만두고는, 중국연구비 받아 연구과제를 하러 베이징에 갔다. 자유가 좋다는 것을 새삼 느끼게 해준 한 달간의 베이징 생활이었다.

 중국에 가기 전 중국 절친들에게 나의 방문을 알려두었다. 1994년 중국사회과학원에 1년간 방문학자로 있을 때 중국 농촌 연구를 하는 학자들과 맺은 인연은 계속 끈끈이 이어왔다. 중국 사회과학원에서 나의 접대(接待)교수(외국인 학자 연구파트너

교수)로 지정해 준 정치학연구소의 바이(白)교수와는 거멀(哥們兒: 절친·단짝 이상의 함의를 지니고 있는 용어로서 합당한 우리말 표현을 찾기가 어려워 발음을 차용한다)로 여전히 형제지간처럼 지낸다. 베이징대 시에(謝)교수, 런민대 장(張)교수 그리고 민정부 농촌기층건설사에 근무하다가 베이징스판대로 옮긴 왕(王)교수와도 각별한 관계이다. 또 농업부 산하 연구기관에 종사하신 궈(郭)교수도 나의 절친이다. 그리고 나의 농촌 조사에 동행해 주었던 각 성과 현등의 민정부문 국장들과도 가끔은 안부를 전하고 있었다.

베이징숙소에 짐을 풀자마자 바이교수님께 전화를 드렸더니 다음날 시즈먼(西直門)에 있는 '우밍쥐(无名居)'에 집결시켜 놓았다고 껄껄 웃으신다. 쟝시(江西)요리의 진수를 맛 볼 수 있어서 이기도 하지만, 난 이 식당 이름을 무척이나 좋아하던 터라 신바람이 났다. 우밍쥐에 도착하니 바이교수님과 그 일당 부하들 4명이 벌써 도착하여 나를 기다리고 있었다. 중국식으로 요란한 대면인사를 나누는 사이 이미 주문해 놓은 요리가 상에 올려진다. 이집의 스즈터우(獅子頭, 진짜 사자머리 고기는 아니다. 중국 사람은 별 것을 다 먹는다고 오해할까봐 부언한다), 쟈오화지(助化鷄, 예전에 한 거지가 닭에 진흙을 발라 구운 조리법에서 유래한 명칭이다) 등 몇 가지 요리는 조리하는데 시간이 오래 걸려 하루 전에 주문해야 한다. 맛난 음식을 절친들과 즐기는 것은 행복한 일이다.

담소가 끊이질 않고 이어진다. 원래 중국음식 먹는 데는 여러 시간이 걸리는데, 그날은 너무 오랜만의 회식이라 마감시간이 다가와도 흥은 사그라질 줄 몰랐다. 나는, 바이교수님이 마무리 멘트를 하시려할 때, 인민폐 20000위엔(元,한화 약350만원)이 든 봉투를 내어 놓았다. 오늘 식사부터 이 돈으로 결제하고 내가 베이징 떠나기 전까지 이 돈을 다 써야 한다고 선언하였다.

사연인 즉은 이렇다. 일 년 전 9월 우리대학에서 수학하고 있는 스(史)교수의 아들이 연구실로 오겠다고 전화를 했다. 여름방학 집에 다녀왔는데 아버지가 심부름을 시킨 것이 있단다. 그 학생이 '빨간 봉투(紅包)'를 나에게 건네준다. 그 안에는

'나의 회갑을 진심으로 축하하며, 몇 명의 중국친구들이 마음을 담은 적은 축의금을 보내니, 기쁘게 받아주기 바란다'는 메모와 함께 현금 20000위엔이 들어있었다.

보낸 사람 명단도 갹출 액수도 적혀 있지 않았다. 나는 많은 액수에 놀랍기도 하고 감동스럽기도 하였다. 일단 바이교수님이

주도하셨음이 분명하니 감사전화를 드리고, 스교수에게도 전화를 했다. 그리고 언젠가는 만날 날이 있겠지 하고 봉투째로 서랍에 보관해 두었다.

식탁위의 빨간 봉투를 본 거멀들은 이구동성으로, 그건 이미 네 돈이라며 손사래를 거칠게 쳐댄다. 내가 베이징에 있는 동안 3번 식사대접(마중 초대(接風), 정식 만찬(歡迎), 송별 회식(送行)) 할 사람도 이미 다 정해져 있단다. 중국 예법대로 권유와 거절 또 설득과 사양을 수차례 반복한 끝에, 나의 제안이 받아들여졌다. 그중 막내 교수가 이 금액 사용안을 만들어 진행하기로 하고 멋진 첫 만남을 마무리 하였다.

중국 요리는 정말 맛있다!!

연구는 뒷전으로 멀찌감치 팽개쳐두고 곧 이어 옛 친구들과의 두 번째 모임을 가졌다. 1994년 겨울 나를 처음으로 농촌에 데려가주신 왕(王)교수님과 바이교수님을 내가 모시는 자리다. 당연히 식사 중 주요 화제는 베이징시 핑구(平谷)현(군에 해당)에 갔었던 추억담이다. 왕교수는 얼마 전 방문했을 때 본인 고향집터도 어딘지 분간하지 못했다고 핑구현의 변화를 힘주어 강조한다. 설마 그 정도일까? 하는 의구심에 내가 다시 가보고 싶다고 했더니, 그 자리에서 논의가 끝났다. 2014년 7월 우리는 핑구현 상전벽해를 눈으로 보기 위한 재방문을 실행하였다.

나의 첫 번째 중국 시골 나들이는 참으로 할 이야기가 많다.

당시 중국은 개혁개방의 일환으로 문혁시기 훼손되었던 문화재 복원작업이 전국적으로 진행되고 있었는데, 핑구현 역시 청나라 황실의 도교 사원을 복원하는 중이었다. 이 복원과정을 검증하기 위해 중국사회과학원 역사연구소 왕교수가 초빙되었고 그의 거멀 바이교수도 자문위원에 포함되었다. 왕교수는 핑구현 출신으로 베이징대 역사학과를 졸업한 인재이며, 바이교수와는 문혁시기 '5·7간부학교' 감방 동기이다. 두 분 모두 7년가량 옥살이를 하다 마오쩌둥 사망 후 출감하여 복권되셨단다.

바이교수는 중국 농촌이 얼마나 열악한 상황인지도 모르면서 농촌 연구를 하겠다고 와 있는데 내가 철부지로 보였단다. 애초에 나의 접대교수로 추천되었을 때, 바이교수가 '배불리 잘 먹고 살아서 분간이 없다(吃飽撑了)'는 고약한 표현까지 쓰며 거절했었단다. 결국은 어쩔 수 없이 내 연구파트너교수가 되었지만. 이런 나에게 농촌 실상을 보여주려고 어렵게 동행 허락을 받으셨다. 당시 외국학자에게 지정된 지역 즉 나의 경우 베이징 밖으로의 이동은 당국의 허가를 받아야만 했다. 물론 개별행동은 금지

되어 있었다. 따라서 핑구현의 허락이 있어야만 나는 갈수 있었던 것이다.

나는 1박2일 일정에 맞추어 나름대로 철저히 준비하였다. 제일 중요한 휴지와 생수는 넉넉히 챙겼다. 나의 필수품인 홀리데이인 호텔 베이커리에서 산 과자도 간식으로 넣었다. 그리고는 따산즈(大山子) 시장에서 산 티셔츠와 바지를 입고 검정 천 신발을 신었다. 세 가지 가격을 다 합해도 과자 값의 몇 분의 일도 안 된다. 영락없는 중국 아줌마로 분장하였다. 정해진 시간 숙소 앞에 나를 데려갈 차가 도착하였다. 청록색 군인 지프차다. 지붕도 없는 오픈카다. 나를 보자마자 바이교수가 오렌지색 양파자루를 주신다. 얼굴에 뒤집어쓰라고 하시면서... 어안이 벙벙하여 받아들고 차에 올랐다.

반시간도 달리지 않아 비포장도로가 나타났다. 겨울바람에 볼은 아리기 시작하고, 울퉁불퉁한 길을 달리니 궁둥이가 아파오고, 떨어지지 않으려고 차 난간을 힘주어 잡고 있으려니 팔도 뻐근해지기 시작한다. 그뿐이랴! 흙먼지가 온 몸에 달려들어 숨을 쉴 수가 없다. 재빠르게 양파망을 뒤집어썼다(이런 몰골을 사진으로 남기지 못한 게 못내 아쉽다). 핑구현까지 비포장이란다. 4

시간은 더 가야 한단다. 울고 싶다. 소리 나서 엉엉 울고 싶다. 생전처음 겪는 고통스런 여행이다. 이 무슨 사서 고생인가!

더는 못 참을 지경이 되었을 무렵, 핑구현 공산당위원회사무실에 도착하였다. 제일 급한 용무를 해결하려고 변소를 물었다. 문도 없고 구멍만 6개 뚫려 있는 여자변소에는 2명이 수다를 떨며 볼일을 보고 있는 것이 아닌가! 세상에 맙소사!! 소변이 나오질 않는다. 충격으로 요도가 막혔는지…

첫 행선지로 야지산(丫髻山)에 있는 사원 복원현장을 둘러보고, 오는 길에 초등학교를 참관하였다. 우리나라 피난시절 임시 교사 사진을 떠올리게 하는 초라하기 그지 없는 교육 시설이다. 학생들은 남루한 차림에 눈만 반짝거린다. 손톱 밑이 새까만 여학생 손을 잡는데 공연히 눈시울이 뜨거워졌다. 늦은 오후 열린 자문회의는 상당히 진지했다. 위원장은 핑구고등학교 전 교장선생님으로 왕교수님의 은사이시다. 참으로 인자해 보이는 분이시다. 회의를 마치고 저녁을 먹으러 공산당위원회 식당으로 자리를 옮겼다. 여러 가지 야채 볶음요리가 차려져 있었으나 고기반찬은 없다. 소박하지만 정갈한 음식이다. 주식이라며 조개탄 난로에서 꺼내온 군고구마는 내 생애 최고의 맛이었다.

나는 초행길에 너무 고생을 하여 쉬고 싶은 마음밖에 없었지만, 식사 후 뒤풀이가 있다며 옆방으로 또 자리를 옮긴다. 묵향이 가득한 방 테이블에는 화선지와 붓 그리고 잘 갈아 놓은 먹이 죽 놓여있었다. 내 자리도 있었다. 먼저 교장선생님께서 한시(漢詩)를 한수 읊으시니 모두 박수를 친다. 그리고 교장선생님은 이어서 일필휘지로 그 시를 화선지에 옮기신다. 참 멋진 풍경이다. 다음 사람은 앞 사람의 시에 대구(對句)하는 시를 읊고, 청중은 '하오하오(好好)'를 연발하며 맞장구를 치고, 이어서 낭송자는 붓글씨를 쓴다. 가슴을 뻥 뚫리게 하는 중국 노 지식인들의 소통 놀이다.

감동도 잠시, 나는 눈앞이 캄캄해진다. 이를 어쩌면 좋은가? 이제 다른 분이 뭐 하는 지 듣고 볼 겨를도 없이 머리를 굴리며 대책을 세우고 있었다. 돌고 돌아 맨 마지막으로 내 차례가 되었다. 나는 대만 유학할 때 노래로 배워둔 소동파(蘇東坡)의 수조가두(水調歌頭)를 학생이 선생님 앞에서 시험 보듯 떨리는 목소리로 읊었다. 박수가 터져 나왔다. 한국 여성이 중국시를 안다며 환호를 보내준다. 특히 바이교수님은 자신이 데려온 교수가 체면을 세워주었다며 기뻐하셨다.

이제 글씨를 쓸 차례다. 제일 잘 외워 둔 시라서 읊긴 했는데,

길어서 쓰자하니 난감하기 그지없다. 나는 얍삽한 꾀를 내었다. 나는 한국인이니 한글로 쓰면 어떻겠느냐고 물으니 그게 더 좋겠다고 흔쾌히 동의를 한다. '한라에서 백두까지' 이 여덟 글자를 쓰고 통일을 염원하는 마음이라고 풀이하였다. 한글이니 한자보다는 수준 판단이 어렵겠지 하며 위로하는 바로 그 순간, 그 밑에 한자로 또 쓰란다. 드디어 나의 서예 실력이 들통 나는구나! "自漢拏,至白頭" 젖 먹던 힘까지 내서 완성하였다.

드디어 길고 긴 하루가 끝나가고 있다. 일행 중에 여성이 나 혼자라서 다른 숙소에 혼자 자도록 안배하였단다. 밖으로 나오자마자 공포가 엄습했다. 가로등도 없는 중국시골의 밤은 칠흑같이 어두웠다. 나는 일행과 떨어져 혼자 지프차에 실려 가고 있었다. 어느 철문 앞에 도착하자 운전기사가 문을 사정없이 두드려댄다. 한참이 지나서야 손전등을 든 할아버지가 나오더니 나를 들어오라고 손짓한다. 암흑 속에서 떨고 있는 나한테 지프차 기사는 그 마을의 종이박스제조 공장인데 그 공장 당서기 방을 내 숙소로 제공받은 것이라며, 시설이 좋고 안전하니 편히 쉬란다. 경비 할아버지는 숙소 방문을 열어주고 본인은 저~~어 쪽 건물에 있으니 무슨 일 있으면 소리쳐서 부르란다. 유령집 같은 건물에는 불빛도 없고, 인기척도 전혀 없다. 공장안에 나하고 할아버지 두 사람 뿐인 것 같다.

몸은 너무 피곤해서 가누기조차 힘들었지만, 무서워서 눈을 감을 수가 없다. 잠든 사이 사회주의 국가 시골에서 어찌 되어도 방법이 없다. 전화도 없어 누구한테 연락할 수도 없다. 눈을 부릅뜨고 방구석에 쪼그리고 앉아 날이 새길 기다리기로 했다. 가져간 귀한 간식을 꺼내어 요기를 했다. 다행히 생수도 챙겨가서 시원하게 마셨다. 꿀맛이다. 문고리를 죄다 걸어 잠그고 노래를 흥얼거려보았다. 두려움이 좀 달래졌다.

기분이 좀 안정되니 방광에서 신호가 왔다. 화장실 가는 게 무서워 마시는 것을 참았었는데 생수를 한껏 마셔댄 탓이다. 방에 딸린 문을 열어보니 욕실이다. 우와!! 타일도 붙어 있네, 세면대도 있네, 수도꼭지도 달려있고. 하루 아니 겨우 한나절 시골 체험을 하고나서 그런 작은 것에 그렇게 행복감을 느끼는 것이 놀라웠다. 그런데 어라 어찌 변기가 없을까? 욕조는 이렇게 큰 것이 있으면서 말이야. 참 희한한 일이다. 중국 사람은 원래 화장실을 집안에 두지 않는다지만, 이건 대체 뭐지? 황당하기 짝이 없었다. 이 오밤중에 화장실이 어디 있는 줄도 모르는데 찾아 갈 수도 없고 안들 무서워서 나갈 수도 없다. 나는 욕조 안에서 편하고 시원하게 볼일을 보았다.

시간은 멈추어버린 듯 더디게 흘러서 내 속이 문드러질 즈음에 동이 텄다. 언제 데리러 올지 모르지만 여하튼 밝으니 살 것 같았다. 남은 간식을 먹고 생수병도 비우고 다른 곳보다 양호한 욕실에서 출발 전 용무까지 마치고 나니 할아버지가 부르는 소리가 들린다. 그 소리가 날듯이 반가웠다.

다시 지프차를 타고 조찬을 하러 도착한 공산당 현위원회 식당에는 현 당서기가 우리를 맞았다. 그 현 권력 서열 1인자이다. 하지만 상석에는 역시 교장선생님이 앉아게셨다. 그곳의 최고 유지이시며 거의 모든 공무원이 제자였던 것이다. 식전에 당서기는 내 환영사를 길게 읊어댔다. 나의 방문이 한중 양국우호증진에 공헌할 것이라는 거창한 말에 덧붙여, 현의 귀빈으로 접대하라는 지시까지 해주었다. 이 지시로 까오(高) 현(縣) 민정국장은 우리 일행을 밀착 안내하다가 베이징 시 집 앞까지 배웅하는 극진함을 보였다.

나는 전날 밤 뜬눈으로 지새우는데, 오후에 만났던 초등학생들 얼굴이 자꾸 떠오르는 것이 아닌가? 아마 직업이 선생이라서 그랬는지? 그냥 마음이 짠했다. 조찬을 하면서도 아이들한테 뭐라도 해주고 싶은 마음이 계속 든다. 이런 생각을 표하자, 교장 선생님이 마음만 받겠다고 하시니 당서기도 따라서 사양하고 나섰다. 내가

"너무 적은 액수라 안 받느냐?(사실 액수도 얘기하지 않았지만)"고 하니

"지역 상황이 여러모로 열악하여 한국 귀빈께 제대로 대접도 못해서 예의가 아니라"고 화답한다.

핑구현 체면치레가 베이징보다 더 심했다. 왕교수님과 바이교수님의 중재와 당서기의 나에 대한 칭송이 한참동안 쏟아진 후 허락이 떨어졌다.

나는 분실될까 봐 비닐에 꼭꼭 싸서 비상금으로 챙겨간 미화 200불을 내놓았다. 식탁에 앉은 전원은 눈이 휘둥그레졌다. 아마 달러를 본적이 없어서 그럴 수도 있고, 액수가 많아서 그럴 수도 있다. 이때 바이 교수님이 인민폐 1800위엔 정도라고 하시니 모두 입을 떠억 벌린다. 당시 대학 정교수인 바이교수님 월급이 400위엔 정도이었으니, 농촌간부의 월급은 훨씬 적었을 것이다. (물론 이 본봉 외에 지급되는 수많은 복지혜택이 있으므로 그 금액만으로 임금수준을 판단해서는 안 된다) 다시 수많은 감사의 말과 함께 모두 초등학교로 자리를 옮겨 기부식을 하잔다. 이런

민망한 상황을 어찌하랴?

나는 훗날을 기약하자며 쥐구멍으로 도망치듯 부랴부랴 자리를 떴다. 우리 일행은 다시 무개 지프차를 타고 베이징으로 무사 귀환하였다. 어둠에서 광명으로……

2014년의 핑구행은 완전 산뜻했다.

왕교수님 · 바이교수님 · 나 그리고 퇴직 후 베이징에서 살고 있는 까오 전민정국장은 토요다 승용차로 출발하였다. 도로가 잘 포장되어 있어 그 곳에서 하루 종일 놀다 저녁 먹고 돌아오면 되는 당일치기 코스란다. 왕교수님은 까오국장을 통해 핑구현 방문일정을 추진하였고, 나는 거멀로부터 기사 딸린 승용차 한 대를 무료로 제공받았다. 왕교수님 말로는 까오 전국장은, 부친이 현장(군수)을 오래하신 명망있는 인물이셨던 터라, 여전히 핑구현에 영향력이 있어서 동원하셨단다. 중국은 참 편한 곳이기도 하다. 인맥 즉 꽌시(關係)만 잘 맺어 놓으면 만사형통인 곳이 바로 중국이니까.

왕복 4차선 도로를 달려 1시간 반 만에 핑구현에 도착하였다. 차창 밖으로 펼쳐지는 풍경에 감탄사를 몇 컨 발사하고, 에어컨이 잘 작동되는 차안에서 간식 씹으며 수다를 이제 막 시작하나 싶은데 벌써 내리란다. 공산당 현위원회 건물이란다. 입이 떡 벌어졌다. 4층짜리 건물과 그 앞 주차장에 즐비하게 서 있는 차들만으로도 놀라운데, 우리를 마중 나온 공산당 지방간부들의 차림새는 말쑥하였다. 현 당서기가 친히 맞아주셨다. 환영 대면식이 끝나고 승용차 몇 대로 나뉘어 오찬장으로 갔다. 휘황찬란한 위용을 갖춘 식당은 규모 상으로 베이징에 뒤지지 않는다. 메뉴책도 볼륨이 상당하다. 핑구현 민정국장은 오랫동안 주문을 했다. 요리 접시가 줄지어 들어와 겹겹이 쌓인다. 작은 술잔에는 바이주(白酒)가, 유리잔에는 포도주가 따라졌다.

식사 준비가 끝나자 당서기가 바이주잔을 들고 일어서 한 말씀하신다. 한국교수의 재차 방문을 열렬히 환영하며, 나의 핑구현에 대한 애정을 보고 받고 감동하였단다. 오잉? 내가 핑구현을 사랑했었나? 영문을 몰라 눈을 굴리고 있는데, 기부금에 대한 얘기를 하는 것이 아닌가! 그 돈을 사용한 내역을 조목조목 얘기한다. 진짜인지 아니면 내가 온다하여 급조한 후속 보고서인지는 몰라도, 200달러로 교실마다 선풍기도 달고 하여 학생들에게 도움이 되었단다. 그리고는

"핑구현에 공헌한 한국교수를 위하여 깐뻬이(乾杯)."

하고 외치자 전원이 깐뻬이를 외치며 원샷을 한다. 낮술이다. 나

는 와인잔을 비웠다. 당서기는 귀한 손님을 맞이하면 3배가 예의라며 이런 저런 이유를 들어, 두 번째 깐뻬이 그리고 세 번째 깐뻬이까지 마쳤다.

20년 전 200달러를 기부한 손님에 대한 예우는 과분할 만큼 극진했다. 아마 이런 대접은 나를 데려온 두 분 교수님의 사회적 위상 덕분이었을 것이다.

오찬 후 당서기는 바쁜 일정으로 동행하지 못함을 못내 미안해하며 접대에 만전을 기하라고 당부하고 자리를 떠났다. 우리 일행은 두 배에 달하는 수행인원의 안내를 받으며 도교사원으로 향했다. 대규모 관광단지로 조성되어 있었그 매년 수십만 명의 관광객이 온다고 한다. 귀빈대우로 우리는 사원 턱밑까지 차를 타고 올라갔다. 물론 입장권도 사지 않았다. 비탈길을 헉헉거리며 올라가는 관광객들이 비키도록 경적을 울리면서 달렸다. 그래도 행인들은 불평도 하지 않고 잽싸게 비켜주면서, 어느 힘 있는 사람이 방문하나보다 좋겠다하는 눈빛으로 승용차를 바라볼 뿐이다.

현 민정국장은 첫 번째 코스로 우리를 돌즈각정원으로 안내했다. 10여개의 대형 화강암에는 1994년 자문회의 뒤풀이에서 쓰여진 시들이 조각되어 있었다. 내가 쓴 14글자 조각 암석도 있었다. 일시·이름과 함께!! 감개가 무량하기도 했지만, 그보다는 민망하기 그지없었다. 왕교수, 바이교수 것도 있다. 우리는 인증샷을 찍었다.

다음코스는 내가 묵었던 박스공장 부지였다. 설마?? 믿을 수가 없다. 수 만평에 달하는 물류센터가 들어서 있다. 텐진(天津)항으로 수입되는 물자들이 내륙으로 이동하기 전에 집합되는 곳이란다. 그래서 옆에는 이런 업무를 지원하는 중국세관 등 관련 관청건물들이 죽 들어서있다. 아무리 기억을 이어보려해도 실마리 하나 건질 수 없다. 나의 이런 감탄을 자아내는 속내를 읽은 안내인들은 신바람이 났다. 이전의 중국인 줄 착각하지 말라는 무언의 압박이 전달된다.

민정국장은 의기양양한 미소를 머금고 이제 독일과 일본의 유명브랜드 인형을 오이엠 생산하는 공장을 참관할 차례라며 길을 재촉한다. 양말 봉제 가내 수공업이 이렇게 성장한 것이라나. 전자동화 생산 라인을 대충 참관하는데 만 1시간이 더 걸렸다. 현 당서기의 손님이라는 한마디에 사장님이 다른 일정 중에 급거 회사에 나타나셨다. 사장님은 친히 전시판매장에서 차 접대를 하시고는 마음에 드는 것을 고르라고 나에게 애걸하다시피 하신다. 마음만 받겠다고 사양을 하다 하다 결국 예의상 양 한 마리를 골랐다. '골라줘서 영광'이라는 말에 나는 잠시 내가 귀빈임을 실감하며 기분이 나쁘지 않았다. 나도 어쩔 수없는 속물이다.

우리가 공장을 떠나려고 작별인사를 나누고 있을 때, 한 직원이 인형 세 자루를 우리 차 트렁크에 싣고 있다. 그 옆에서, 눈치 빠른 사장 비서는 이것은 자신이 센스 있게 준비한 것임을 배웅하는 사장이 알아채도록 행동하고 있다. 나는 그 비서가 밉살스러웠지만, 사장에게 유능한 비서를 두셨다며 그의 체면을 한껏 살려주었다.

왕교수가 차안에서

"너는 중국인이 다 되었구나(你是半个中國人)."

하며 칭찬 아닌 칭찬을 하신다. 정말 내가? 하하!

그 후에도 이곳저곳으로 실려 다니며 평구현의 발전상을 구석구석 보았다. 그리고 당일 마지막 코스인 만찬장으로 갔다. 옛 추억을 느껴보라고 공산당 현위원회 식당에 준비했단다. 물론 규모와 청결 그리고 메뉴 모든 면에서 이전과 비길 수가 없다. 주로 고기 요리다. 그중에서 '당나귀고기전(驢肉煎餅)'이 제일 맛있다. 예전에 깐수(甘肅)성에 갔을 때 처음 먹어 봤는데, 약간 핑크빛을 띠며 연하고 풍미가 있다. 그래서 '당나귀 고기 맛을 알면 당나귀를 끌고 다니지 못한다'는 말이 있을 정도이다. 산해진미에 식욕이 동해 배가 다 찰 무렵, 나를 위해 특식으로 준비했다는 군고구마가 식탁에 올라왔다. 참 고마운 친구들이다. 베이징에서 옛 추억 더듬을 때 흘린 말을 기억하고 왕교수가 전달했던 것이다. 이미 배가 불러서 인지 아니면 조개탄 난로에서 구운 것이 아니어서 인지, 군고구마의 맛은 예전의 그 맛이 아니다.

중국인들이 상대방을 세심히 배려하는 접대문화를 새삼 느낄 수 있었던 핑구현 재방문이었다. 쌍전벽해를 두 눈으로 목격하고 감탄을 자아낸 방문이었다. 20년이면 강산이 두 번 변할 시간이지만, 그래도 달라도 너무 달라졌다.

은근히 샘도 나고, 4촌이 땅을 사서 그런지 배도 아프다.

베이징에 도착해서는 나를 제일 먼저 데려다준다. 이것도 손님에 대한 배려차원이다. 숙소 앞에서 내 선물을 내려줄테니 잠시 기다리란다. 인형자루부터 핑구현 각종 특산물들이 차 트렁크에 가득 실려 있었다. 세 사람 몫이다. 까오 전 민정국장은 고향에 간 김에 더 쉬다 온다고 하여 세 명만 돌아왔다. 나는 숙소에 여유 공간도 없고 하니, 양 인형 한 개만 가져가겠다고 강력히 주장했다. 하지만 내 방에는 인형자루와 산자(山査)·복숭아 몇 상자에다 유기농 달걀 몇 꾸러미까지 결국 배달되었다.

  이 선물을 나누려고 다음날 점심에 베이징어언대 절친들을 소집하였다. 그리고 핑구현 방문담을 늘어놓으니, 대뜸 절친 처장이 매년 5월에서 6월 핑구현의 복숭아 축제가 유명하다며, 다음 해 우리 대학 장기연수 학생전원을 그 축제에 보내주겠단다. 그 얘기는 맛난 점심 요리를 즐기느라 바쁜 내 한귀에서 다른 한귀로 그냥 흘러 나갔다.

  2014년 베이징 한 달 살기는 참으로 멋졌다. 중국 4대 요리 집을 골고루 순회하고, 거멀들과 세련된 인테리어 찻집에서 몇 시간씩 수다를 떨고, 이 시장 저 시장 누비며 乙만의 여유를 만끽하였다. 20년 전과는 달리 한국에 남아 있는 자식들 걱정할 필요도 없는지라 제대로 즐겼다. 하지만 상전벽해 발전 과정에서 발생하고 있는 인정의 메마름이나 배금주의 등은 마음 한구석을 무겁게 하기도 했다.

  다음 해 초여름 어느 날 내 휴대폰에서 '카톡 카톡' 소리가 연속으로 울려댄다. 몇 십 개나 들어오고 있다. 아니 이게 뭐야! 학생들이 내 붓글씨 앞에서 찍은 인증샷을 마구 날리고 있는 것이 아닌가! 베이징어언대가 정말로 버스를 대절해서 우리 과 학생들을 핑구현 복숭아축제에 보낸 것이다. 민망하기 짝이 없다. 당장 친구처장한테 전화를 걸었다.

"너 대체 무슨 짓을 한 거야(你搞什麼鬼啊)?"하고 소리치니

"'은사님 화강암 글씨 찾기'를 과제로 내서 현장학습을 한 거지."하며 껄껄거린다.

강산은 변해도 우정은 변하지 않는구나!

02 중국 베이징 일람(一覽)

　베이징은 내가 중국에서 가장 많이 가본 곳이다. 1993년 9월 첫발을 디딘 이후 2019년 가을까지 수도 없이 드나들었다. 베이징에서 택시타면, 3환(3차 순환도로)안의 길은 내가 기사한테 안내할 정도로 지리에 빠삭하다. 물론 그 먼 옛날 몽고족이 베이징을 도읍으로 정하면서, 창안지에(長安街)를 가로축으로 중쥬우센(中軸線)을 세로축으로 하여, 바둑판모양으로 도시계획을 멋지게 해놓은 덕분이기도 하다.

　이런 지형의 특징상, 베이징에서 길을 물으면 동서남북으로 이야기 해준다. 반면 굽은 길이 많은 상하이에서는 전후좌우로 일러주는 것과는 대비된다. 꾸러우(鼓樓)에 올라 베이징시가를 전후좌우로 내려다보면 이 말 뜻을 이해할 것이다.

1000년 고도 베이징에는 많을 때는 11개의 성문이 있었는데, 사회주의 정권수립 후 이 문들이 파괴되었다. 이 성문들이 바로 지배층과 사회약자들을 구분지은 봉건통치의 산물이라고 판단했기 때문이다. 1954년 띠안먼(地安門)이 파괴되기 시작하여 문화대혁명 6년 동안 흔적도 없이 사라졌다. 둘레 23 킬로미터의 내성과 14 킬로미터의 외성 그리고 9 킬로미터의 황성은 자취를 감추었다.

이 내성을 부수고 만든 것이 2환(2차 순환도로)이며, 이 안 쪽이 진짜 베이징 즉 라오(老)베이징이다. 어느 곳 할 것 없이 도처에 역사적 의미가 쫙 깔려있다. 구역을 나누어 발품을 팔며 구석구석 돌아보기 바란다. 하루 이틀로는 어림없겠지만, 그래도 중국 정치의 중심이 베이징이라는 것을 실감하고, 그 안에서 생활하는 '사회주의국가' 인민들의 삶이 우리와 뭔가 좀 다르다는 것을 어렴풋이나마 느껴볼 수 있을 것이다.

베이징을 방문한 사람은, 너나 할 것 없이, 텐안먼(天安門)광장은 다 가 본다. 텔레비전에서 많이 봐서 눈에 설지가 않다. 텐안먼에 걸려 있는 마오쩌둥 사진도 익숙하다. 광장 동편과 서편에 서 있는 국립박물관이나 인민대회당도 유명하다. 그리고 광장 중간에는 마오쩌둥 미이라가 안치되어 있는 '마오쩌둥기념관'도 있다. 나는 2번이나 갔었지만 들어가 보지 못했다. 공교롭게도 매번 여름이었는데, 나무 한 그루 없는 뙤약볕 아래 장사진을 이룬 꼬부랑 줄을 보고는 포기했다. 인터넷으로 얼마든지 볼 수 있으니, 마오를 꼭 봐야하는 사람이 아니면, 굳이 시간 소비할 필요는 없을 것 같다. 그러니·광장은 그냥 한번 훑어보면 된다. 사진 찍는 시간도 아끼는 게 좋다.

하지만 시간을 내서 올드 베이징의 골목(胡同, 후퉁) 안을 꼼꼼히 다녀보는 것은 의미가 남다르다. 나는 베이징 1년 체류동안 처음에는 중국사회과학원 주변의 뚱청(東城)구 골목 누비기를 즐기다가, 그 남쪽의 쉬엔우(宣武)구로 관심 범위를 넓혔다. 관직이 높은 사람들이 살았던 뚱청과 서민이 살았던 쉬엔우는 주택형태와 규모, 후퉁의 명칭 그리고 오늘날의 삶의 모양까지 사뭇 달라 돌아볼수록 흥미진진하고, 베이징의 역사 문화를 이해하는 데 많은 도움이 되었다.

그 경험을 바탕으로, 1997년부터 3년간 '베이징 후퉁 연구'를 주제로 학술진흥재단 연구프로젝트를 하면서, 베이징 후퉁의 진짜 매력에 푹 빠져들어 버렸다. 후퉁(胡同)은 원나라 몽고족 언어로 우물을 뜻한다. 즉 우물을 중심으로 일정 거주지를 만들어 주민들의 직종이나 길모양이나 주변특징에 따라 이름을 붙였다. 시지우렌즈(西舊簾子, 서쪽문발)후퉁·푸쉐(府學, 국자감)후퉁·지우완(九灣, 아홉구비)후퉁 그리고 쥐얼(菊兒, 국화)후퉁 등 연구 조사차 돌아 다녔던 후퉁 이름들이 떠오른다.

베이징 후퉁의 수는 무려 1316개에 달하는데, 그 중에 사회주의 정서에 맞지 않는 명칭이 개칭되었다는 점은 흥미롭다. 야바(啞巴, 벙어리)후퉁을 샤오야바오(小雅寶, 작은 보물)후퉁으로 바꾼 것처럼 사회약자 보호라는 측면도 있다. 또 샤오순(孝順, 효)후퉁을 샤유순(曉順, 새벽)후퉁으로 바꾼 것처럼 유가사상에 대한 반감을 보여 준 것도 있다. 아이러니하게도, 요즘 다시 공자를 부활시켰으니 이런 후퉁의 명칭들도 다시 환원해야 하는 것은 아닐지!!

아니다. '돈만 쳐다보게(向錢看)' 되어버린 중국인들이 돈이 되지 않는 이런 미미한 일에는 관심이 없을 것이다. 다만, 시진핑(習近平)이 별안간 '신시대 중국특색사회주의 사상'에 맞게 후퉁 명칭을 재검토하라고 지시한다면 얘기가 다르겠지만…

요즘은 '후퉁투어'가 베이징 관광의 필수코스로 되어 있다. 서울의 북촌투어와 비슷하다. 코스는 인력거를 타고 옛 전통가옥인 사합원(四合院)을 둘러보고 만두빚기 등 전통문화체험도 하고, 스사라하이(什刹海) 까페거리에서 커피를 마신다. 단체관광들이 다 비슷하지만, 이런 주마간산식 투어로 중국인의 삶을 엿보기는 쉽지 않다.

그래서 일단 인력거투어로 한번 돌아본 후 마음에 드는 후통을 혼자 천천히 걸어보면 좋다. 군복색 천 장막이 늘어져 있는 동네 공중화장실도 사용해 보고, 동네 슈퍼도 들어가 보고, 작은 손만두집에서 식사도 해보고, 밑이 뻥뚤린 바지를 입고 뛰어 다니는 어린애도 보고, 웃통 벗은 남자들 매무새도 살펴보고, 호떡집에 불난 것 같이 얼얼(兒化는 단어 끝에 얼을 붙이는 베이징방언의 특징이다)거리며 수다 떠는 광경도 감상해본다.

그러면, 아침에 출발해서 베이징에서 점심 먹고 놀다가 저녁에는 서울 집에서 잠잘 수 있는 가까운 이웃나라이지만, 우리와 사뭇 다른 국민성을 가진 민족이라는 감이 와 닿을 것이다.

참으로, 중국은 자본주의보다 더 자본주의스러운 사회주의 국가이고, 중국인은 세상에서 제일 장사 잘하는, 눈뜬 사람 코 베어 가는, 비단장사 왕서방들이다. 그리고 그들은 '짝퉁'을 만드는데

천부적인 손재주를 가진 위조품제조가들이다. 꼭 명심해 주길 부탁한다.

  나는 지인들이 베이징 관광 간다고 하면, 단체여행에 참여하여 필수코스는 편하게 보고 며칠 연장하여 개인 여행을 하라고 권한다. 필수코스는 혼자하기 힘들다. 만리장성이나 자금성·이화원 등 유명 관광지는 입장권구매·교통수단제공 등등을 여행사가 대행해주어야 편하다. 귀국변경 가능한 여행상품도 많고 호텔 추가예약을 도와주는 여행사도 많다. 베이징에는 수많은 호텔들이 있어서, 더 보고 싶은 곳 근처에 프로모션하는 좋은 호텔을 싼 가격으로 찾을 수 있다. 혹시 초행이라 베이징에 익숙하지 않은 친구들한테는 베이징 번화가 왕푸징(王府井)에 있는 호텔에 묵기를 권장한다. 사통팔달로 관광·쇼핑·먹거리 찾기 등 이동에 편리하기 때문이다.

  나는, 베이징 방문 시, 주로 차오양(朝陽)구에 있는 호텔에 묵는다. 방문 처음 1년간 차오양 화지아띠(華家地)에 있는 중국사회과학원 외국인교수 숙소에서 살았던지라, 그 곳 지리에 익숙해서 마음이 편하기 때문이다. 벌써 강산이 몇 번 바뀔 만큼 세월이 흘렀지만, 그때의 추억은 독특하고 강렬하다.

오랜만에, 당시 추억을 되새겨보고 싶다.

한국이 그립고 인간다운 사치(?)를 누려보고 싶을 때면, 길거리에 널려있는 말똥과 자전거 물결을 피해가며, 도보 5분 거리에 있는 홀리데이인 호텔을 찾았었다. 호텔 안과 밖은 완전 별개 세계이다. 먼지 한 점 없는 호텔 복도를 지나, watson 편의점에서 눈 튀어나올 가격에 수입생필품도 사고, 고급스런 명품 샵들도 기웃거리면 기분이 좋아진다. 거기다 커피샵에서 조각케익과 드립커피 한잔하고 나면 향수병도 치유되는 듯했다.

하지만 종업원 서비스가 엉망이라 뒷맛이 늘 씁쓸하였다. 하루는, 혹시나 하면서, 정장을 말끔히 차려입고 화장도 좀 하고 커피샵에서 영어로 주문을 해봤다. 직원의 태도가 공손하기 그지없다. 중국어로 주문했을 때는 포크도 던지듯 놓고,

"리필되나?(可以加一杯……)", 말도 끝나기 전에,

"안 돼.(不行)"하고 휑하니 가버렸었다.

그런데 "Can I refill…?" 하니, 역시 말도 끝나기 전에, 상냥한 말투로

"Of course."하고 따뜻한 커피를 금방 배달한다.

이 무슨 미 사대주의인가? 그 다음부터 혼자서는 어떤 차림새로 어딜 가던 영어를 썼다. 대접이 괜찮았다. 영어를 할 줄 모른다

고 손사래를 치는 사람한테는, 중국어로 다시 얘기하면 '대단하다(了不起)'를 연발하며 더 굽신거린다. 미 제국주의 양키들에 대한 존중심이 발동한 것은 개혁개방의 긍정적인 결과인가??

내가, 베이징에 갈 때, 제일 많이 묵은 호텔은 캠빈스키호텔이다. 대우가 일부 투자하여 한국인에게는 친근감이 있기도 하지만, 그 호텔 안에 내 구미에 딱 맞는 베이커리·아이스크림 샵이 아직까지 성업 중이기 때문이다.

그 옛날 저녁 6시가 지나면 30-40% 할인 판매하는 빵을 사러 가는 일은 엄청난 행복이었다. 어설프게 배운 자전거를 30분 달려 구수한 냄새가 풍기는 베이커리에 들어서면 미소가 절로 흐른다. 조금만 늦으면 다 팔려서 좀 일찍 도착하여 빵을 고르고 줄을 선다. 나만 그런 것이 아니라 서양인들도 빵바구니를 채우고 6시가 되기를 기다린다. 행복한 쇼핑이 끝나면 파스타치오 아이스크림을 음미한다. 그리고는 독일 소시지와 치즈·햄도 사서 빵과 함께 자전거 앞 바구니에 싣고 안장에 오른다. 엉덩이를 들썩거리며 큰소리로 한국노래를 부르면 고약한 타향살이를 버텨낼 용기가 뭉실뭉실 피어올랐다.

이런 추억으로 베이징에 출장가면 자주 그 호텔을 찾곤 한다. 그 호텔 예약이 어려우면, 근처의 쉐라톤(長城)이나 쿤룬(崑崙)

호텔을 찾는다. 아이스크림 가게도 가보고 캠빈스키의 독일 정통맥주 바에도 가려고 말이다. 독일 생음악을 즐기며 맛보는 각종 수제맥주 맛은 참으로 근사하다. 베이징에 가면 꼭 한번 들러보라고 권하고 싶다. 하지만 그 호텔에 붙어있는 백화점에서 쇼핑은 절대 하지 말기 바란다. 베이징사람들조차도 자이런(宰人, 사람 잡고)하고 멍런(蒙人, 바가지 씌우는)하는 곳이라 하니 우리가 그들의 호구가 될 필요는 없지 않겠는가?

사실 베이징에서 쇼핑 할 곳도, 할 것도 별로 없다. 중국 다른 지역도 그렇기는 하지만… 여행지에서 쇼핑 안하면 다녀왔다는 표시가 안 나고, 단체관광에서 안사면 가이드한테 눈총받기 일수여서 뭐라도 사곤 한다. 하지만 가능하면 빈손으로 귀국하는 것이 돈 버는 일이다. 그래도 혹시 숙소 근처에 대형 마트가 있으면, 밤늦게까지 영업을 하니, 둘러보면 좋다. 중국어 못해도 되고, 정찰제니 바가지 쓸 일도 없고, 가짜 중국술을 살 위험성도 상대적으로 낮다. 맛난 중국 과자도 살 수 있고, 세일하는 생필품을 잘 고르면 득템이 되기도 한다. 한번은 면누비 롱나이트가운을 70위엔(만원)주고 사서, 몇 년 겨울동안 주구장창 입었는데도 아직 멀쩡하다.

그래도 개인적으로 쇼핑할 시간이 있다면 가볼 곳이 몇 군데 있기는 하다. 베이징 남쪽 첸먼(前門)밖 따스랄(大柵欄)을 추천한다. 그 지역이 보행자전용도로라 차를 타고 가도 어차피 좀 걸어야하니, 지하철이나 버스로 이동하는 편이 낫다. 줄지어 서 있는 수많은 점포들에 들락거리는 인파들로 인해 걸음을 떼기 힘들 정도로 붐비니, 가방 잘 부여안고 정신 바짝 차리고 다녀야 한다.

우선 골목 깊숙이 자리 잡고 있는 통런탕(同仁堂) 본점에 가본다. 베이징에도 수없이 많은 통런탕이 있고, 중국 전역에 통런탕이 없는 곳이 없지만, 이 따스랄에 있는 통런탕은 아직도 국영이라 그나마 품질을 믿을 수 있다. 한 때는 중국여행가면 우황청심환을 너도나도 사 왔고, 서울시내 노점에서 우황청심환을 팔기도 했다. 가짜 아니면 품질불량이 대부분이었다. 요즘은 좀 개선되었다지만, 워낙 가짜가 판치는 중국인지라 나는 이 본점만을 고집한다. 이 외에, 내가 친지들에게도 선물한 후 늘 재구매를 부탁받는 두 가지 약을 더 사고, 공항에서 세금환급 받을 서류도 챙겨나오면 베이징 방문 의무코스는 끝난다.

그리고도 시간 여유가 있으면, 청대부터 내려오는 유명한 신발·옷감·모자 가게에 들러본다. 상호가 간체가가 아닌 번체자 즉 한자 정자로 쓰여 있고, 라오즈하오(老字號, 노포)라는 간판도 붙어 있어서 우리 한자세대는 쉽게 알아 볼 수 있다. 역시 모두 국영상점이다. 난 모자는 한두 번 사보았지만 다른 품목은 내 취향이 아니다.

  이 거리 구경이 끝나면, 도보로 류리창(琉璃倉)으로 이동한다. 우리나라 인사동 같은 곳으로, 청대 건축양식 건물에 골동품가게들이 다닥다닥 입점해 있다. 물건도 어마어마하게 많지만, 그 호가 또한 입을 떡 벌어지게 한다. 나는 문외한인데다 사지 못할 것은 애당초 구경도 잘 안하는 성격이라, 대개는 나의 단골 가게 룽바오자이(榮寶齋)로 직행한다. 붓·벼루·먹·화선지 즉 서예 4방 물품과 동양화물감 등을 파는 대규모 문방구이다. 역시 국영상점이라 정찰제에 품질도 괜찮은 편이다. 최고 품질이라는 것은 아니고, 가격대비 품질 보장이란 의미이다. 선친께 붓과 먹을 사다드렸을 때, 만족해하셨던 기억이 난다. 동양화하는 친구 부탁으로 여러 물감을 사다준 적도 있다. 초행이라면, 골동품가게 몇 군데를 둘러보고, 2층에 있는 전통찻집에서 중국차와 중국과자를 간식으로 먹으며 노곤한 다리를 쉬게 해주는 것도 좋다.

  베이징 시장 중에 외국인들이 제일 많이 찾는 곳은 아마 실크

시장 시우수이제(绣水街)가 아닐까 싶다. 실크보다 짝퉁시장으로 더 유명한 곳이다. 진위를 구별할 수 없을 정도로 모조솜씨가 뛰어난 특급제품이 있다고 하지만, 지하에 비밀창고로 유인해서 신변을 위협할 수도 있으니 삼가토록하자. 이 시장에서 건질만 한 것은 목걸이·팔찌 등 악세사리나 수공예 실크제품이다. 못난이진주·마나오나 크리스탈을 고르면 마음에 드는 디자인으로 즉석에서 멋지게 만들어준다.

내가 여름이면 패션에 맞추어 팔찌를 이것저것 하고 다녔더니, 우리 학과 중국인 교환교수가 부러워했다. 다음해 여름 그 베이징 토박이 여교수를 시우수이시장에 데려가서 몇 개 맞추어주었다. 중국인이라 싸게 불렀다는 가격에서 1/5정도로 흥정한 내 수완에 혀를 내두른 내 친구는 시에시에(謝謝, 고맙다)를 연발하며 팔찌를 쓰다듬었다. 이런 가게들이 최근에는 노동력가격이 급등하면서 점점 사라져서 쇼핑의 묘미를 맛보기 힘들게 되어 아쉽다. 핸드메이드 퀼트제품이나 손수가 놓인 예쁜 실크 클러치도 훌륭한 쇼핑 품목이었지만, 역시 몇 집 안 남았고 가격도 엄청 올랐다.

마지막으로 소개하고 싶은 시장이 있다. 이 시장은 일요일(星期天市場, 일요시장)에만 연다. 일요일이면 주로 홍목가구나

서화들을 파는 상설점포 밖 마당에 갖가지 종류의 골동품 노점들이 빼곡히 자리 잡는다. 새벽에 문을 열어 오전 11시 좀 지나면 장을 거둔다. 100프로 가짜에서 몇 년에 하나 정도 진품을 건질 수 있을지도 모른다는 희망에 돋보기까지 들고 다니는 수많은 중국인들로 붐빈다. 게 중에는 상인들이 호구로 보는 라오와이(老外, 외국인)들도 제법 많다. 나는 골동품은 누가 쓰던 것인지도 모르는 것이라 싫어하고 깨끗한 새 것간 좋아하지만, 이 시장 매력에 푹 빠진 한 어르신 덕분(?)에 가끔 들려서 흥정인 역할을 단단히 해냈다. 가는 횟수가 늘어날수록 중국인들의 예술적 재능과 모조 솜씨에 감탄하고 가짜지만 구경하는 재미를 쏠쏠히 즐겼다. 혹시 토요일 밤을 베이징에서 보낸다면, 새벽에 판지아위엔(潘家園)에 가서 중국 옛문화 정취를 흠뻑 느껴보기를 권해본다.

이십여 년에 걸쳐 어느 해에는 대여섯번이나 다녀온 베이징은 우리나라 반세기동안의 변화보다도 그 변화가 훨씬 대단하다. 하지만, 이런 격정의 소용돌이에서도 올드 베이징은 그 내면에 중국적인 것을 오롯이 지니고 있다.

이 코로나19 팬데믹으로 3년이나 가보지 못한 베이징이 몹시 그립다. 언젠가 다시 가게 되면, 제일 먼저 베이하이공원(北海公

園)안에 있는 팡산판주앙(仿膳飯庄)에 들러 서태후 궁중요리를 멋지게 즐겨보리라.

03 베이징위옌대학(北京語言大學)과의 오랜 인연

베이징시 쉐위엔루(學院路) 우다오커우(五道口)에 있다. 일반인들한테는 좀 생소하게 들리는 학교명일 것이다. 하지만 중국어 특히 외국인을 위한 중국어 교육에 관심이 있는 사람들은 그 대학의 명성을 익히 알고 있다. 원래 베이징대학(北京大學)의 한 개 단과대학이었다가, 마오쩌둥(毛澤東)이 중국어 어학교육의 메카로 만들라고 지시하면서, 1962년 독립대학이 되었다.

이 대학과의 인연은 1992년으로 거슬러 올라간다.

1992년 8월 한중수교가 이루어졌다. 그해 가을학기 국제교류재단에 근무하는 대학동기로부터 연락이 왔다. 베이징위옌대(베이위) 홍보사절단이 한국에 오는데, 우리 대학을 방문할 수 있도록 도와달라는 것이다. 나는 무척 반가웠다. 중국어 자격시험 HSK 주관대학이자, 중국어교육의 최고 권위대학이기 때문이다. 특강하도록 주선하였다. 홍보단장인 부총장과 국제교류처장은 학생들의 반응에 흡족하여 후일을 기약하자며 돌아갔다.

   1993년 가을, 나의 베이징 체류를 알고, 베이위 부총장이 나를 초청하였다. 캠퍼스 탐방도 하고 양(楊)총장도 접견하였다. 한국 방문단 보고서에 우리대학이 교류희망 제1대상교로 되어 있단다. 그 이유는 자신들 대학의 가치를 제일 잘 알고 있기 때문이라나. 1994년 귀국을 앞둔 어느 날, 베이위에서 나에게 우리대학과 자매결연을 하고 싶다는 의사를 공식적으로 전해왔다.

   귀국 후 우리대학 총장께 이 내용을 전달하였다. 총장이 베이위에 대해 너무 잘 알고 있었다. 뜻밖이었다. 학생들의 중국어 교육에 꼭 필요한 명문대학이라며, 빨리 자매결연을 추진하자는 것이다. 일은 일사천리로 진행되었다. 1994년 11월 자매결연식을 하러 우리대학 총장과 그 대학을 방문하였다.

   나는, 그 때부터 내가 정년퇴직 하던 2018년까지 무려 20여년이나, 그 대학과의 교류에 직간접으로 계속 발을 담그고 있었다. 이 강산이 두 번 바뀌는 동안, 베이위는 총장이 4명이나 바뀌고, 국제교류 관련처장들도 여러 번 교체되었다. 하지만 업무인수인

계시 나까지 인수인계된 것처럼, 새 집행부는 나를 초청하여 신임 총장은 물론 권력1인자 당서기와도 자리를 마련하여 안면을 트도록 안배하였다. 내가 없으면, 양교교류도 끊어질 것이라는 중국인 특유의 과장법을 쓰면서 나를 계속 활용하고자 하였다. 나 자신도 그렇지만, 우리 대학 측에서도 무척 의아해했다. 나의 업무스타일이 중국 측 구미에 잘 맞는 것이냐, 아니면 중국인은 파트너를 잘 바꾸지 않는 것이냐 설이 분분할 정도였으니까 말이다. 여하튼 이 오랜 기간 동안 양교의 교류는 학과 차원을 넘어 거교적으로 모든 분야에서 이루어졌다.

돌이켜보니, 학과차원에서 제일 기억에 남는 교류 사업은 현지학기제의 도입이다. 2001년 나는 단기어학연수를 넘어선 새로운 장기연수과정을 궁리하다가, 우리 과 3학년 2학기를 베이위에서 수업하고 본교에서 학점을 인정받는 제도를 고안했다. 하지만 나의 이 야심찬 계획안은 총장으로부터 무참히 반송 당했다. 수정 보완하여 다시 올리고 또 올렸다. 역시 반송에 반송이 거듭되었다. 학생들 등록금 받아 중국대학에 주고 나면 우리대학 재정에 마이너스라는 것이 불가의 핵심이다. 나는 단순 산술 계산으로 우겨댔다. 중국등록금이 우리 등록금의 60%정도이기 때문이다. 그러나 학교 운영은 그렇게 간단한 숫자계산이 아니란다.

　나는 절친한 통계학과 교수한테 학교재정에 손해가 가지 않는다는 것을 보여주는 내용으로 안을 만들어 달라고 부탁하였다. 정말로 고맙게도, 며칠 만에 복잡한 수식이 들어있는 안이 왔다. 나는 다시 계획안을 만들며,

　'총장님 꼼짝 마세요! 결재 안하고는 안 될걸요!'

　흐뭇한 미소가 번졌다. 그런데 이게 뭐람! 총장결재란에 노란 메모지가 붙어서 돌아왔다.

　'한 학기 현지등록금 1000달러미만일 경우 실행가능.'
베이위 현지등록금이 1300달러인데, 이런 말도 안 되는 조건을 붙이다니! 화가 치밀었다. 약 올리는 것도 아니고, 아주 불가 반송시키면 될 것이지…

　내가 뭐 하려고 이렇게 몇 달간이나 사서 고생을 했나! 안하면 그만이지! 내가 이런다고 월급 더 받는 것도 아니고, 아휴~~ 시원해!!

　하지만 그 노란 포스트잇이 자꾸 눈앞에 맴돈다. 포기가 되지 않는다. 그렇다면 베이위에 타진해 보는 수밖에… 등록금 1000달러로 현지학기제를 시행하자는 의향서를 보내보았다. 답장을

재촉하고 또 재촉하고 나서야, '너 제 정신이니' 하는 어감을 느낄 수 있게 하는 은유적 문체의 답장이 왔다.

돈 문제는 정말 어려운 것이구나!

한번 마음먹으면 쉽게 물러서지 못하는 내 성격이 또 발동했다. 잘 돌아가지 않는 머리를 쉴 새 없이 굴리고 또 굴려보았다. 아하! 이러면 어떨까?! 한국 수업일수는 한 학기 18주이고 중국은 25주이니 현지 수업일수를 단축하고 학비를 감면 받자!! 우리 규정에도 맞으니 학점 인정도 가능하다!!

역시 나는 똑똑해! 하하!!

나는 이런 내용을 상세히 기록하고, 양교간의 교류를 한 차원 높여 학생들에게 새로운 교육 기회를 주고 싶다는 진심어린 자필 서신을 베이위 취(曲)총장 앞으로 발송하였다. 물론 우리 대학 총장의 노란딱지를 번역과 함께 동봉해서 fedex로 말이다. 위에서 내려치는 방식을 택한 것이다. 얼마 후, 베이위 교무처가 발칵 뒤집히고 나의 성토장이 되었다는 전갈이 왔다. 사실, 그 편지 보내놓고 나는 줄곧 귀가 간지럽고 뒤통수가 근질거리긴 했다.

하지만 중국에서 링다오(領導) 즉 최고상관의 검토지시를 거부할 수 있는 부하는 없다. 협상에 줄다리기를 거듭한 끝에, 우리대학 학생들에게는 한학기 학비 1000달러를 3년간 한시적으로 시행한다는 안을 받아 들 수 있었다. 2002년 4월 나는 총장을 모시고 이 의향서에 서명하러 베이위를 방문하였다. 2001년 12월에 구체적 업무협의를 시작했으니 근 5개월 만에 결실을 보게 된 것이다.

사인은 도착한 날 총장 만찬장에서 식사 후 하는 것으로 되어 있다. 분위기는 띵띵하오(頂頂好)다. 민망할 정도를 나를 비행기 태우며, 바이주(白酒) 잔은 "깐뻬이(乾杯)" 외침으로 자주 비워졌다. 서명테이블로 두 대학 총장이 옮겨 앉았다. 취총장이 펜을 들고 나를 쳐다보며,

"내가 너 체면 세워준 거지(我給你面子了吧)!" 하신다.

나는 "아니요. 좀 실망했어요." 라고 대답했다.

별안간 장내 분위기가 싸해진다. 에이 모르겠다. 시작한 김에 한걸음 더 나가자.

나는 "총장님이 '통이 크신 분(大方的人)'이라고 들었는데 아니네요. 내가 1000달러 하면 900달러 해주실 줄 알았거든요."

...... 묘한 침묵이 흐르고 있는데,

"좋아, 900 문제없고 말고(好好, 9百 沒問題)."

취총장님이 호탕하게 웃으신다. 53도짜리 바이주 술김덕분에 고비를 넘기고 있는 듯했다.

사인은 다음날 학교에서 하잔다.

'엉 뭔소리!' '내일 마음이 바뀔지 어떻게 알아, 소뿔은 단김에 빼야지!'

나는 오늘 저녁에 마치자고 했다. 다들 이 밤에 이 식당에서 의향서 수정이 가당키나 하느냐는 표정이다.

하! 하! 하!

사실 그날 저녁, 나는 포항제철 베이징지사에 근무하는 우리 과 졸업생을 그 식당에 대기시켜 놓고 있었다. 노트북가지고 오라는 것도 잊지 않았다. 그뿐이랴, 나는 의향서 용지도 넉넉히 여분을 챙겨 출장길에 올랐다. 만약의 사태에 대처하기 위해 나름대로 꼼꼼히 준비했던 것이다. 그 제자는 참으로 고맙게도 문안 수정을 마치자마자, 본인 사무실로 쏜살같이 달려가 의향서를 프린트해서 돌아왔다.

이리하여 우리 과 3학년 학생들은 2002년 2학기부터 베이위에서 6과목 18학점을 주당 23시간이나 수강하면서, 현지체험을 통한 중국학전공자로 성장하게 되었다. 이 현지학기제는 지역대학에서는 최초로 시행한 것이다. 이 내용이 대구 유명일간지 매일

신문 사회면에 3단 기사로 보도되면서, 그해 우리 과 입시는 대박이 났다. 경쟁률과 커트라인이 상당히 높아져서, 향후 학과 경쟁력이 제고되고, 실제로 중국학도로서의 실력을 갖춘 졸업생을 배출하게 되었다.

이렇게 무르익은 분위기에 힘입어 나는 베이위를 내 집 드나들 듯 했다. 새로운 협정서가 매년 한 두 개 씩 만들어졌다.

내가 중국과의 교류에서 나름대로 성과를 낼 수 있었던 것은 중국스타일을 조금 잘 파악하고 있었기 때문이라고 감히 이야기해본다. 무슨 협상이든 우리가 요구할 바를 전부 다 제시한다. 이때 상대방이 받아들여줄 수 있는지를 고려하지 않는다. 그리고는 상대방이 동의할 수 있는 명분을 제공하려고 노력하였다.

이 보다 더 중요한 것은 성사 후에 반드시 반대급부를 주어 향후에도 교류를 지속할 수 있는 기초를 다지는 것이다. 즉, 나는 세상에 공짜가 없다는 것을 잘 아는 사람이라는 것을 어떤 식으로든 보여준다.

하지만 제일 중요한 것은, '되는 일도 없고, 안 되는 일도 없는 중국'에서 안 되는 일도 되게 하는 인간관계 즉 '꽌시(關係)'를 만들어 놓는 것이다. 이 꽌시는 하루아침에 이루어지는 것은 물론 아니다. 의심이 많기로 유명한 중국인들은 돌다리도 두드려보는 것처럼 사람도 찬찬히 훑어보며 믿을만한지를 가늠하고 또 가늠한다. 참 오랜 시간이 걸린다. 하지만 일단 신뢰가 쌓이면 '거멀(哥們, 동지)' 한 걸음 더 나아가 '티에멀(鐵們, 철통동지)'이 되고, 이 쯤 되면 서로 무조건 무엇이든 도와주는 관계로 발전한다.

한번은 베이위에서 여느 때보다 더 융숭하게 나를 대접하는 것이 아닌가! 오잉? 나의 레벨이 또 한 단계 업그레이드 됐나? 무엇 때문에? 의아했다. 식사하는 내내 의리의 친구라고 친밀하기 그지없이 추켜세운다.

의리의 화신이 된 사연은 이렇다. 내가 베이징소재 모모대학에서 베이위보다 좀 더 나은 조건으로 단기연수프로그램을 제안해 왔는데, 베이위와의 의리를 지켜야한다며 거절한 적이 있다. 이 일을 베이위에서 알게 된 것이다. 각 대학의 교류처장들 특히 베이징시 소재대학 담당자들은 만날 기회가 종종 있다. 여기서 두 대학 처장이 우연히 내 얘기를 주고받았던 모양이다. 중의(重義) 즉 의리를 중요시하는 중국인들에게 내가 진짜 거멀로 여겨진 모양이다.

이 후 순풍에 돛 단 듯이 교류는 전방위로 확대되었다. 베이위에서의 결재가 우리 대학에서 결재받기보다 더 쉬울 정도였다.

단기어학연수, 장기어학연수, 교수교환, 학생교환 그리고 학부생 공동양성과정과 대학원생교육까지 거의 모든 분야에서 교류가 이루어졌다. 2007년에는 우리대학이 베이위 파트너 대학으로 한국대학에서는 최초로 공자아카데미를 설치함으로써 협력범위를 더욱 확대해나갔다.

  우리대학과 베이위는 명실상부한 자매대학으로 자리매김하였다.

  나는 이렇게 오랜 기간 수도 없이 베이위를 드나들면서 수많은 보직자와 교수들을 사귀었다. 그 대학 교정을 걷다보면 몇 걸음 뗄 때마다 인사를 나누어야 할 정도로 아는 사람이 많다. 그냥 나는 그 대학소속 교수 같다.

  그런데 내 남편은, 이런 교류전선에서 뛰어 본적도 없는데도, 베이위에 4명이나 되는 의형제를 두고 있다. 2007년 그가 한 학기동안 학생인솔교수로 베이위에 체류한 적이 있다. 그해 가을 어느 날 저녁 베이위 4명의 처장들과 한명의 한국교수가 수많은 고량주 병을 비워가며 밤을 지새우다 새벽녘에 '베이위결의(北語結義)'로 의형제가 되었단다. 원래 내 남편은 엄청난 술꾼이다. 본인은 주선(酒仙, 술신선)이라며 우아한 척 하지만, 나는 주귀(酒鬼, 술귀신)라고 빈정댄다. 그 술 실력에 중국친구들이 뿅 갔다고 생각했다.

그런데 그 후부터는 내가 그 대학을 방문하면 모두 남편 칭찬을 엄청 해댄다. 내 남편은 의리로 똘똘 뭉쳐있고, 통이 크고, 큰일을 작게 생각할 줄 아는 도사이고, 호탕하고 로맨틱한 남자이고 등등. 약간의 비행기 태우는 과장도 있겠지만, '내 남편이 이렇게 멋졌나? 난 왜 몰랐지?'할 정도로 동생들은 형을 대단히 좋아했다. 정말로 친해서 일거다. 이 동생들은 한국 어느 지역에 출장 나오던지, 꼭 형님과 회동을 하고 돌아가곤 한다.

새로운 교류프로그램을 들고 간 나와 마주 앉은 이 실무담당 처장들인 남편 중국 시동생들은 업무 얘기는 하지 않고, 한국형님관련 에피소드만 실컷 늘어 놓는다. 이어진 만찬에서도 통 큰 형님얘기 뿐이다. 그리고 마지막 건배 잔을 들고는, 그 협정서 초안을 언제 보았는지 모르겠지만, "양교의 우호증진을 위하여"라는 구호로 동의한다는 의사를 전달한다. 모든 협의는 이렇게 멋지게 끝나곤 했다.

2019년 가을, 우리부부는 부총장으로 승진한 의동생의 초청으로 베이위를 방문했다. 아니 정확히 말하면, 남편 초청에 내가 동행한 것이다. 그는 퇴직한지 7년이나 되었고, 딱히 교류업무에 초청될 상황도 아니었다. 하지만 그의 의동생은 몇 년 전부터 한국형님에게 여러 차례 초청의사를 전해왔다. 그때마다 우리부부는 공식방문의 명분이 없다며 사양하곤 했다. 하지만 형님이 동생들을 찾아 주어야만 향후 양교교류를 더욱 발전시킬 수 있다며 간곡히 그리움을 전해왔다.

중국식 관계문화를 받아들여, 우리 둘은 베이징에 갔고, 베이위 시동생들의 진정어린 환대는 우리를 감동시켰다. 그 며칠 동안 한중 의형제들은 뜨거운 의리로 똘똘 뭉쳐서 행복해했다. 한국도 그렇지만, 중국도 일반적으로 '그 자리를 떠나고 나면 그만이다(人走了, 茶就凉了).' 하지만 우리 부부가 베이위와 맺은 인연은 이제 일을 넘어서 의리로 맺은 인연이 되었다.

20년의 세월이 무심치 않다!

그리고 나는 그제서야 깨달았다. 내가 베이위에서 잘 나갔던 것은 남편이 맺어 놓은 인맥 즉 꽌시 덕이었다는 것을. 그것도 일로써 맺어진 꽌시가 아니라 인간적인 정으로 맺어진 꽌시 덕이었던 것이다.

내가 잘난 척하며 장황하게 무용담을 늘어놓았던 것이 상당히 민망하다.

04 알쏭달쏭 중국 엿보기

 흔히 우리는 중국을 가깝고도 먼 나라라고 한다. 아주 정확한 표현이다.

 거리상으로 보면 서울에서 제주도 가는 시간이면 베이징까지 간다. 그뿐이랴, 입 다물고 베이징 거리를 슬슬 거닐면, 내가 외국인이라는 것도 모른다. 같은 황인종이니까. 게다가 수박 겉핥기식으로 돌아볼라치면, 사회주의라고 하는데 우리나라 자본주의와 별반 다르지도 않다는 생각이 든다.

 정말로 가까운 외국이다.

 하지만, 곰곰이 살펴보면, 중국 사람의 체형은 우리와 다르다. 나를 보고 중국여자 같다느니, 나의 중국 절친 보고는 한국사람

닮았다느니 하는 걸 보면, 어딘가 다른 것이 틀림없다. 중국인은 몽고리안이 아니라서 그렇다. 언어도 구조상 아주 다르다. 한글이 주어 목적어 동사 순이라면, 중국어는 영어처럼 주어 동사 목적어 순이다. 우리는 중국어를 들으면 '쌀라쌀라' 호떡집에 불난 것처럼 정신이 없다. 그 반면에 중국인들이 한국어를 들으면 '꾸룩꾸룩' 높낮이가 없어 재미가 없단다. 그리고 단시간에 일반사람들에게는 잘 들어나 보이지 않지만, 중국은 사회주의임에 틀림없다. 우리와 사뭇 다른 사회적·문화적 특징들을 곳곳에서 느낄 수 있다. 1949년 이래 시행해 온 사회주의라는 정치적·이념적 차이가 만들어낸 것들이 우리의 고개를 갸우뚱하게 만든다.

정말로 머나먼 이웃이다.

이래서 중국은 어떠하다고 얘기하면서도 맞는지 아닌지 늘 알쏭달쏭한 생각이 든다.

나는, 정치가 사회에 미치는 영향 즉 정치사회학을 연구 분야로 하고 그 중에서도 농촌을 주요 연구영역으로 하고 있다. 그래서 중국 현지조사를 여러 차례 진행한 적이 있다. 장쩌민(江澤民) 시절에는 외국학자들의 연구에 비교적 개방적이었다. 비록 사전에 허가를 받아야만 했지만, 농촌지역에서의 조사연구 활동도 가능했었다. 당시 중국정부는 농촌·농민·농업 즉 3농 문제를 제1과제로 올려놓았다. 이에 중국사회과학원과 민정부(民政部, 우리나라 행정안전부 격이다) 기층정권건설사(基層政權建設司)는 국가차원의 연구프로젝트로 중국농촌 연구를 기획하고 있었다. 이에, 나의 연구계획서 즉 '중국농촌 정치문화 연구'가 당시 중국사회과학원 연구 방향에 부합하여 초청된 것 같다.

먼저 중국사회과학원 사회학연구소에서 안배해 준 농촌조사 실패담을 소개하고자 한다.

나는 사회학연구소에서 배정한 연구원을 따라 일본 여성학자와 함께 허베이(河北)성 한 농촌마을에 갔다. 고맙게도 우리를 위해 배차해 준 승용차로 개혁개방을 모범적으로 실현하여 부유한 농촌으로 선정된 그 곳에 도착하였다. 우리는 일주일간 청소를 했다는 초대소에 짐을 풀고 촌장인터뷰 등 향후 조사 일정을 점검하고 잠자리에 들었다. 추적추적 내리는 밤비 소리에 나는 이리 뒤척 저리 뒤척 잠을 설치고 있는데, 내 룸메이트는 코까지 골며 잘도 잔다.

한밤중 방광이 터지기 직전이라고 쉴 새 없이 보내는 신호 때문에 나는 미안함을 무릅쓰고 룸메이트를 깨웠다. 변소는 초대소 밖 공터에 있다. 왼손에 우산을 들고 그 밑 겨드랑이에 베이징부터 가져간 두루마리 휴지를 끼우고, 오른손에는 손전등을 들었다. 바깥바람에 정신이 든 일본여성이 놀라서 우산을 받아 들고는 본인도 이참에 볼일을 보겠단다. 우리 앞에 붉은 벽돌이 쌓아진 변소가 나타났다. 왼편에 여(女)자가 보인다. 한데, 이를 어쩌면 좋을까?! 문도 없고 지붕도 없다. 우산 바쳐 들고 바지 내리는 것도 쉬운 일이 아닌데, 전등이 없으면 칠흑이라 변소에 빠질지도 모른다. 그럼 휴지는 어찌해야 하나? 우리는 협동심을 발휘하여 근근이 일을 마쳤다.

아뿔싸! 대형사고가 터졌다. 바지 밑단이 땅에 닿아 젖고 더럽혀졌다. 숙소에 돌아와서 갈아입고 젖은 바지는 버렸지만 계속 발목이 근질거린다. (그 이후 중국 농촌에 갔을 때 비가 오면 치마를 입었다. 한번은 지린(吉林)성 농촌조사에 갔는데 비가 오길래 주름치마를 살랑거리며 다녔더니, 속도 모르고 베이징 멋쟁이는 다르다며 모두들 입을 댔다. 그 덕분(?)인지 현장 취재 나온 CCTV 농촌채널에 포착되어 매스컴도 탔다. 하하.)

나의 주요 일정은 촌장(우리나라 이장에 해당)을 겸하고 있는 촌 당서기와의 인터뷰이다. 키가 훤칠하고 인물도 좋다. 목에 힘이 들어가 있고 자신감에 차있는 전형적인 보스타입이다. 1960

년부터 1994년 그 당시까지 그 촌의 1인자로 군림하고 있다. 우리의 인터뷰는 일방적으로 진행되었다. 그가 자신은 얼마나 깨인 마인드를 가지고 있는지, 그래서 촌을 얼마나 잘 발전시키고 있는지 쉴 새 없이 진술하고 있어서, 나는 미모하느라 무척이나 바쁘게 손만 놀려댔다. 속으로는 내 중국어 실력이 이 정도로 상당하다니 감탄하면서 말이다. 손목이 뻐근할 즈음, 그가 마무리 멘트를 하며 질문이 있느냐고 물었다.

인터뷰 내내 묻고 싶었지만, 틈을 주지 않아 기회를 보던 참이었다. 그를 하늘 높이 격하게 비행기 태우고는 물었다.

"당신은 어떻게 무슨 능력으로 이렇게 오랫동안 이 촌의 '일인자(一把手)'가 될 수 있었나?"

"나의 출신 배경이 워낙 좋아서 가능한 거지."

나는 그의 대답을 들으며, 순간적으로 '아하 이 마을에 돈 많고 땅 많은 좋은 집안 자식이구만' 하는 생각이 스쳤다.

그런데, "나의 할아버지는 고농(雇農, 땅 한 평도 없는 농촌 일꾼)이셨고, 아버지는 빈농(貧農, 가난한 농민)이서서 계급성분이 최고 수준이지."하며 우쭐거리는 목소리가 들려온다.

아, 맞다!! 마오쩌둥 공산당의 농민 분류에 의하면, 이 두 농촌 프로레타리아 그룹 고농과 빈농이 혁명의 핵심이라 하지 않았던가? 중국학과 교수를 십여 년째 하고 있으면서도 내 머릿속 자본주의적 잣대는 여전히 굳건하게 자리 잡고 있었다. 우리가 생각하는 좋은 집안배경과 사회주의 중국에서 좋은 집안배경의 내용물은 이렇게 차이가 났던 것이다. 우리나라에서도 상영된 콩리(鞏俐) 주연의 '인생'(活着, 산다는 것)이라는 영화를 보면 감이 좀 잡힐 수도 있다.

나는 대단한 집안이라고 감탄하며 두 번째 질문을 했다.

"문화혁명 시기와 지금의 개혁개방 시기는 사상적 이론이나 정치적 추진방향이 상당히 다르다. 그래서인지 대부분의 촌 당 지도부가 교체되었던데, 어떻게 당신은 촌민들의 추앙을 변함없이 받을 수 있습니까?"

추앙이니 하는 단어를 써가면서, 너의 장기집권의 비결(?)은 뭐냐고 물은 것이었다. 아주 조심스럽게 접근했지만, 그의 심경을 건드렸다는 감이 파바박 전해진다. 분위기가 싸해져서 그의 답이 무언지 귀담아 듣지 못했다. 그날 만찬은 당서기 접대라 촌 당지부 간부들이 다 참석한다고 했었는데, 우리 3명만이 덩그러니 저녁을 먹었다. 우리 3명 특히 나는 불안한 밤을 뜬 눈으로 보내다시피 했다.

정치적 질문은 그렇게 민감한 것이었다. 그를 추궁하거나 따져볼 심산은 아니었고, 다른 촌 상황과 달라서 흥미가 당겼던 것일 뿐인데…… 사용 단어가 적절치 않았던가 보다.

사실, 문화혁명은 수많은 지식인이 희생된 정치적 동란이다. 1978년 문화혁명의 희생자였던 덩샤오핑(鄧小平)이 복권되어 개혁개방을 주창하였다. 그리고 문혁시기 그렇게도 타파하려고 했던 자본주의색채를 도입한다고 선언한 것이다. 따라서 개혁개방 시기에 정치·경제를 주도하게 된 그룹이 문혁시기 피해자들이라는 것은 삼척동자도 아는 사실이다. 그런데 그 촌 당서기는 문혁시기에는 주자파(走資派, 자본주의 노선을 걷는 부류)를 타도하다가 자신이 자본주의노선을 따르고 있는 셈이다. 그러니 나의 표현이 당신 기회주의자 아니냐는 말로 들렸던 모양이다.

다음날 아침 당서기가 급한 일로 출장을 가게 되어 모든 조사 일정은 취소되었으니 베이징으로 돌아가라는 전갈이 왔다. 순간, '그 당서기 뒤가 켕기는 뭐가 있는 거 아니야? 진짜?'라는 의구심이 폭발하였다. 하지만 중국의 정치적 상황 게다가 좁디좁은 한 마을의 정치사를 들추어보려는 듯이 경거망동한 나는 무한한 책임감을 느꼈다. 당서기의 코털을 건드린 꼴이 되고 말았다.

우리는 촌 당지부 사무실로 갔다. 중국인 연구원이 사회학연구소에 우리를 급히 데리러 와 달라고 전화를 했다. 두 나라의 외국인 학자를 안전하게 귀경시켜야 하는 중요한 일이지만, 예정일보다 차량배차를 당겨서 조정하는 일은 그렇게 쉬운 일이 아닌 것 같았다. 다음날 오전까지 노력해 볼 테니 하루 더 체류하란다. 이 내용을 당지부 사무실에 얘기하고 초대소로 돌아오니 시간 때울 일이 막막하기만 하다. 눈칫밥 얻어먹으며 하루를 비비대야 하는데 삐걱거리는 철 침대에서 뒹굴 수도 없고 참!

문득 나는 호구(戶口, 주민) 자료를 볼 때, 조선족이 있었다는 사실이 떠올랐다. 그 기록부 종교란에 미신이라고 적혀 있어서 인상이 깊었던 사람이다. 일행에게 그녀를 만나러 가보자고 제안했다. 일본친구는 완전 찬성이나 중국친구는 고개를 절레절레 흔든다. 자중하라는 경고이다. 하지만 우리 한일 두 나라 여자는 문을 나섰다. 이름도 주소도 모른다. 거리를 배회하며 눈에 보이는 여성들한테 조선족이 어디 사는지 물어보았지만, 너나 할 것 없이 못 들은 척하며 집안으로 들어가 버린다.

지금은 더 안 되는 일이지만, 당시에 나의 이런 행동은 허용되지 않는 것이었다. 외국 학자는 중국인 안내자의 동행 하에서만 조사 활동을 하도록 되어 있다. 그래서 중국인 연구원을 딸려 보낸 것이다. 더욱이 농촌에서는 현지 간부의 안내가 있어야만 농민 집 방문도 가능하도록 되어 있다. 개방이 되었다고는 하나 중국 농촌은 통제와 보고가 조직적으로 되고 있는 사회주의 체제라는 것을 나는 이론으로만 알고 있었던 것이다.

하룻강아지 범 무서운 줄 몰랐다. 우리 일행이 무사히 귀경한 것은 그나마 다행스러운 일이었다. 우리를 안내해 준 중국인 연구원은 연구소 당서기로부터 질책을 당했다는 후문이다. 그 당서기는 나를 불러서는 웃으며 이런저런 일상얘기를 나누었다. 하지만 나는 이 대면의 의미를 알아차렸다.

그 허베이 촌 방문의 수확은 우리 한·중·일 세 명이 친구가 되어 오랫동안 교류를 하고 지낸 것이다. 2000년 하버드대학교에 방문학자로 갔을 때, 박사코스에 와 있는 그 중국친구와는 캠퍼스에서 자주 만나곤 했다. 그보다 더 큰 수확은 이 경험이 그 후 현지 조사에서 실수를 줄일 수 있게 해준 반면교사가 되었다는 것이다. 이때부터 오늘날까지 나는 중국에서 정치적 이슈는 함부로 입에 올리면 안 된다는 교훈을 가슴 깊이 새기고 다닌다. 그리고 사회주의 체제는 우리 자본주의 체제와는 다르다는 것을 끊임없이 스스로에게 상기시킨다.

나의 연구를 도와준 중국사회과학원 사회학연구소 당서기는 소장을 겸하고 있는 루(陸)교수이다. 베이징대 출신의 저명한 사회학자이다. 루교수가 한국 농촌을 보고 싶다고 하여 1997년 초청했다. 우리 대학교에서도 멀지 않고 경제적으로도 부유한 성주군을 탐방지로 정하였다.

마침 우리 과 졸업생 부친이 군수로 계셔서 많은 편의를 제공해 주셨다. 더욱이 우리 일행을 군수께서 직접 맞아주셨다. 이에 루 교수는 "시엔장친즈추미엔(縣長親自出面, 군수가 직접 나와 주셨다)."을 반복하며, 귀빈대접에 흡족해 하였다. 그 자리에서 농촌기업이나 농산물 판매시장 그리고 농민들도 만나보고 싶다고 요청하였다. 중국식이다. 중국인은 높은 사람한테 얘기해야 만사형통이라고 생각하기 때문에 기회를 잘 이용한다.

우리 일행은 팽이버섯공장과 대규모 딸기비닐하우스 등등을 안내하였다. 인터뷰도 마음대로 하도록 해 주었다. 지나가다 들어가 보고 싶다는 곳은 모두 양해를 구하고 살펴보게 해주었다. 성주군 기업과 공장 이곳저곳을 세세히 조사하며 하루를 알차게 보냈다. 저녁도 한정식을 맛나게 즐기고 발걸음도 가볍게 숙소에 들어왔다.

그런데 다음날 아침 모텔 로비에서 만나기로 한 시간이 한참 지나도 루소장이 나타나질 않는다. 룸에 전화해도 안 받아 허겁

지겁 올라가 아무리 노크를 해도 답이 없다. 가슴이 철렁 내려앉는다. 모텔직원이 키를 들고 와 방문을 열어보니 사람이 없다. '중국인 교수 한국 시골 모텔에서 실종!!' 뉴스 특종감이다. 머리가 하얗게 지끈거리며 어찌해야 할지 몰라 로비에서 쩔쩔매고 있는데, 루소장이 숨을 몰아쉬며 모텔로 들어서는 것이 아닌가? 한국말도 못하고 초행길에 어딜 다녀왔다는 말인가? 납치당했다가 도망쳐 왔나?

너무 반갑기도 하고 기도 막혀서 쳐다보고 있으려니, "뚜이부치(對不起, 미안)."를 연발하며 노트를 내밀어 보여준다. 두 가지 필체의 한자가 가득 쓰여진 공책이다.

사연인 즉은 이렇다. 아침 일찍 모텔을 나와 무작정 농가를 찾아 나섰단다. 자신이 친히 돌아보며 직접 인터뷰하고 싶어서란다. 나는 듣자마자 그의 속내를 읽어 낼 수 있었다. 그는 어제 하루 일정을 마치고 숙소에 들어가 틀림없이 이런 생각을 했을 것이다.

'오늘 다녀보고 만나 본 사람들은 이미 사전에 짜여 진 시나리오에 의한 것이다.'

'보여주고 싶은 좋은 곳만 데리고 다닌 것이다.'

'내일도 사전에 협의해 놓은 곳만 데리고 다닐 것이다.'

'다녀보니 치안은 안전한 것 같다.'

'그러니 한국 농촌의 진면목을 보기 위해서는 내가 혼자 찾아다녀야 한다.'

그는 운 좋게도 얼마가지 않아 한 농가를 발견하였단다. 마침 한 할아버지가 마당을 쓸고 계셔서, 노트에 姓名(이름)하고 본인 이름을 쓰니(중국 간체자가 아닌 번체자 즉 정자를 사용했다.) 할아버지가 당신 이름을 한자로 쓰더란다. 그래서 필답이 길게 이루어졌단다. 성명 밑에는 年齡·孩子·學歷·牛數·年所得 (연령·자식·학력·소 마리 수·연소득) 등등 질문이 적혀 있고, 그 옆에는 할아버지의 답변이 세세히 적혀있는 것이 아닌가!!

세상에!!

나는 그 노트를 보며 그 할아버지가 너무 고마웠다. 중국인보다 한자필체가 더 좋으시다. 참 나는 운과 복이 동시에 터졌다. 이렇게 유식하신 할아버지를 인터뷰해 오다니 어깨가 저절로 으쓱 올라간다. 루교수 원래 목소리가 하이톤에다 수다쟁이인데, 조찬을 하며 더 격앙된 목소리로 한국 농촌의 발전상에 감탄을 연발한다. 마루 벽에 대학 학사모를 쓰고 찍은 사진이 7개나 걸려있었단다. 7남매가 모두 대학을 나오다니 하며 감탄!! 소가 5

마리나 있고 기와집이 깔끔하고 전자제품이 다 갖추어져 있다며 또 감탄!! 하지만 연소득은 알려주지 않아서 좀 아쉽다나.

이날의 이 해프닝은 한국 홍보효과를 멋지게 냈다. 우리가 보여 준 바가 아니고 본인이 직접 눈으로 본 것이라 완전히 신뢰하는 조사내용이었기 때문이다. 귀국 후 그가 쓴 '한국농촌답사기'가 중국 유력 일간지 꽝밍르빠오(光明日報)에 훌륭한 내용을 담은 기사로 실렸다.

루교수의 돌출행동을 생각하면 우습기 짝이 없다. 자기네 나라 중국에서 현지조사를 사전에 지정한대로 진행하니 우리도 그럴 거라고 생각했으니 말이다. 루교수는 중국농촌개혁의 일등공신이다. 집단농장 형태의 인민공사를 폐지하는 정책입안자로 자택 현관에 장쩌민 주석과 찍은 사진을 대문짝만하게 걸어놓고 있다. 이런 자본주의 요소 도입의 선구자인 중국 대표학자도 별 수 없다. 자신의 머릿속 사회주의 잣대가 융통성 있게 움직이지 않았던 모양이다. 내가 그랬던 것처럼……

그건 그렇다 치고, 진짜 헷갈릴 거다!

텔레비전 뉴스에서 시진핑(習近平)이 당서기라고 하던데, 연구소에도 당서기가 있고, 촌에도 당서기라니 대체 뭐야 하는 의문이 들었을 것이다. 맞다! 권력의 크기에서 보면, 하늘과 땅 차이보다 더 벌어지지만, 셋 다 모두 서기임에 틀림없다. 게다가 당지부라고 하면 무슨 정당인지 이름은 써야지 알거 아니야? 탈자일리는 없고 뭐지?

사실 중국을 들여다 볼 때, 우리가 제일 알쏭달쏭해 하는 것이 서기(書記)라는 용어와 그 위상에 대한 이해일 것이다. 우리는 서기라 하면 회의할 때 기록하는 사람을 의미하는데, 중국에서는 일인자라니 달라도 너무 달라서 심한 혼동을 일으키게 한다. 그러니 이 서기제도를 알게 되면, 중국정치를 이해할 수 있고, 아니 중국이라는 나라 전체를 이해하게 된다고 말할 수 있을 정도다. 그만큼 핵심적이고 독특한 제도이다.

문득 선생님이 수업시간에 중요하다고 강조하던 것들은 다 재미가 없었던 지라, 설명하려니 지루할까봐 걱정이 되긴 한다.

우선 중국 정당제도를 알아야 당서기도 알게 된다. 중국의 공식입장에 따르면, 중국에는 1개의 당과 8개의 당파가 있어 모두 9개의 정당이 있다고 한다. 그래서 사실상, 당은 '중국공산당' 한 개뿐인 셈이다. 그러니, '당' 하면 바로 중국공산당이고, 당지부 하면 당연히 공산당 지부이고, 당원이라고 하면 자동적으로 공산당원을 의미한다. 이는 중국에서 길 가던 사람 아무한테나 물어봐도 다 아는 내용이다. 이 공산당이 중국 전역에 크고 작은 당지부를 조직하고 그 지부마다 당서기를 두고 있다.

그래서 서기가 국가와 연구소와 촌에만 있는 것이 아니라, 모든 기관과 조직 및 기업 등등에 다 있다. 학교에도 있고, 은행에도 있고, 공장에도 회사에도 있고, 종합병원에도 있고, 하다못해 백화점과 취엔취더(全聚德, 오리구이식당)에도 있다. 농촌 마을마다, 면마다, 군마다 그리고 시마다 다 있다.

우리 대학에서 일어났었던 해프닝을 들어보면 어지러운 머리가 조금은 맑아지지 않을까 싶다.

하루는 총장비서실에서 칭화(淸華)대학교 당서기가 총장접견을 하는데 배석해주면 좋겠다는 전화가 왔다. 나는 펄쩍 뛰며 직함이 잘못 적혔을 거라고 했다. 칭화대 서기가 우리 한 단과대학의 초청으로 올 리가 없다. 다른 대학도 아니고 칭화대학교 서기면 국가급 고위인사라 주한 중국대사관과 우리 외교부가 나섰을 것이다. 중국의 최고 명문 5대 대학교의 당서기는 중국공산당 정치국 당연직 중앙위원이 될 정도로 위상이 엄청나게 높다. 대학교 당서기라고 다 같지가 않다(중국 대학교는 1급, 2급 이런 식으로 레벨을 분류하고 있다. 그 서열에 따라 당서기의 서열도 다르다). 하지만 비서실장이 서류에 그렇게 적혀있단다. 접견실에 가서 명함을 교환하며 살펴보니, 그 대학교 미술대학 당서기였다. 중국식으로 표현하면, 대학교 전체 당서기의 부하인 단과대학 당서기이다.

애기 한 가지만 더 하자.

우리 대학 자매교인 모대학교에서 당서기와 총장이 함께 방문한 적이 있다. 아주 드문 일이다. 일반적으로 1인자와 2인자가 동시에 학교를 비우지 않는다. 여하튼 우리대학 총장님과 두 귀빈을 영접하려고 본관 앞에 서있는데, 학교1호차에서 총장이 내린다. 오호 이를 어쩌면 좋은가? 나의 실수이다. 배차 시 각 차량별 승차인원까지 체크했어야 하는 건데 깜빡했다. 그리고 당서기가 저 뒤쪽 차에서 내린다. 그것도 다른 일행과 함께. 나는 성급히 그쪽으로 달려가 호들갑을 떨어댔다.

"'최고 영도자'(最高領導)를 편히 모시라고 했더니 혼자 심심하실 까봐 이렇게 모셔왔나?"

중국어로 당신이 높다는 걸 안다는 표시를 확실히 하며 그 국면에서 벗어나보려고 애썼다. 본관2층 접견실로 올라갈 때, 당서기를 우리총장과 나란히 걷도록 하고, 나는 그쪽 총장과 한발 뒤에서 따라갔다. 공항에서 앞차에 타고 오며 심히 불편했을 중국

총장도 한숨 돌리는 듯했다.

우리대학이 중국 대학과의 교류가 국내에서 손꼽힐 정도로 활발해서, 직원선생님들은 중국식 접대경험이 나름 풍부했지만, 당서기가 1인자이고 총장이 2인자라는 것까지 알기는 어려웠을 것이다. 그리고 두 명이 동행한 사례도 없어 얼마든지 일어날 수 있는 실수였다. 내가 세세한 곳까지 챙기지 못한 탓이므로 접대에 만전을 기했다. 다행히 모두 우호적이고 만족한 얼굴로 돌아갔다.

그렇다. 모든 조직에서 공산당서기가 1위이고 부서장이 2위이다. 아마 미국에서 뉴욕시 민주당대표가 뉴욕시장보다 높다고 하면 바보소리 들을 거다. 하지만 중국에서는 베이징시 당서기가 베이징시 시장보다 높다.

이러저러한 정치적 용어나 복잡한 내용을 이해하지 못해도 좋다. 중국의 이러한 독특한 정치제도는 '공산당이 모든 것을 이끈다(黨領導一切)'라는 대원칙에 근거한 것이라는 것을 기억하지 못해도 괜찮다. 다만, 중국에서 당서기라고 하면 그 높낮이가 천차만별이라는 점과 그 동일레벨의 부서장보다는 한 급 높다는 사실만 알아두면, 중국에 대해 조금 아는 척 할 수 있을 것이다.

이제 이런 무거운 얘기는 그만하고 가벼운 주제로 마무리 할까 한다.

"우리는 수와 저의 길이가 같다. 그런데 중국은 젓가락이 길고 숟가락은 작고 짧다. 왜 그럴까?"

수업시간에 학생들이 지루해하는 기색이 보일 때 내가 내던 퀴즈이다. 학생들은 하나같이 그냥 보아 넘겼지 이유를 생각해 보진 않았다는 표정을 지으며 고개를 갸우뚱거린다.

나는 또 질문을 던진다.

"중국인은 밥공기를 들고 젓가락으로 밥을 입에 쓸어 넣는다. 왜 그럴까?"

"중국인은 술잔에 계속 첨잔을 하고, 술을 권하고는 상대방 눈을 쳐다보며 마시는데, 왜 그럴까?"

"우리는 최고의 예절로 절을 하는데, 중국인들은 무릎 꿇고 절하는 것을 왜 극구 거부할까?"

"중국인은 수건에 물을 적셔 손은 움직이지 않고 왜 머리를 상하좌우로 움직여 수건에 문지르며 세수할까?"

학생들은 흥미진진하여 졸음이 다 달아났다는 듯이 허리를 세우고 똑바로 앉는다. 바로 이때다. 나는 지금까지 한 질문은 숙제로 고민해보라고 하고, 마지막 질문을 시작한다.

"여러분들 중국어 잘 하나?"

"아니요~~~" 합창이 터진다.

"그런데 중국인 선생님이 뿌하오(不好)나 뿌싱(不行)이라고 말 하는 거 들어본 적 있나?"

있나? 없나? 눈을 굴리며 생각들을 한다.

"떠듬거리고 읽어도 하오(好, 좋다)하고, 조금 엉터리로 읽으면 하이커이(還可以, 그런대로 괜찮다)라고 하시지 않나?"

"네 그런 거 같아요."

"왜 그럴까?"

"중국인들은 왜 상대방에게 부정적 표현을 삼가는 것일까?" 이런 저런 대답들이 나왔다. 나름 일리가 있어 보이는 대답들도 있다.

나는 정리하여 "그건 체면에 목숨 거는 민족이라서 그런 거야."

알 듯 말 듯한 표정들이다. 이 뜻풀이 역시 또 숙제!!

소소한 것들에서도, 중국은 우리와 다른 부분들이 참 많다. 이에 대한 정확한 이해는 중국전반을 이해하는 밑거름이 될 것이다. 지피지기백전백승(知彼知己百戰百勝)은 진리이다. 우리가 중국을 제대로 파악해서 중국을 이길 수 있기를 나는 염원하고 있다. 그래서 나는 중국학과 학생들에게 이 마음을 주입시키려고 부단히 노력해왔다.

"우리가 중국학을 배우는 목적은 극중(克中)하기 위해서이지, 아부하기 위해서가 절대 아니다."

나는 이런 신조를 중국과의 교류에서도 그대로 실천하려고 무진 애를 썼다. 늘 동등하거나 우위에서 교류를 주도하였고, 손해보거나 불평등한 교류는 손해를 보더라도 진행하지 않았다.

자화자찬으로 글을 끝내려는데, 꼭 부언하고 싶은 이야기가 하나 떠오른다.

사실 그 나라 말을 잘 하지 못하면 당하기 일쑤다. 학생들이 중국에 어학연수가면 그 짧은 중국어로 주눅 들기 십상이다. 그래서 나는 학생들에게 코치한다. 화가 나는데 중국어가 안 될 때는 한국말로 하라고, 언어적 느낌은 웃으면서 욕해도 다 욕으로 들린다고.

내 수제자가 나왔다. 왕푸징(王府井) 맥도날드에서 줄을 서 있는데, 누가 새치기를 하길래

"야 너 왜 세치기하니, 뒤로 가."

하고 한국어로 소리 질렀더니 흠칫 놀라며 뒤로 가더라나. 이 영웅담을 나에게 들려주길래 칭찬을 퍼부으며 맥도날드 대구이곡

점으로 데려가서 햄버거를 무한리필로 쐈다.

우리나라 한국을 위하여 중국을 바로 알도록 합시다.

'대한민국! 짜 자작 짝짝!!'